イマヌエル=カント

カント

●人と思想

小牧　治著

15

CenturyBooks　清水書院

カントについて
——カントとわたし——

カントにひかれて

わからぬということが、わかるのはすばらしい！

もう三〇年以上もまえのことである。いまの高校生にあたるころ、わたしは、倫理（当時の「修身」）の先生らしからぬ、倫理（修身）の先生にでくわした。「D先生」という先生であった。D先生は、大学(旧制の大学)の大学院で、哲学を勉強しているとのうわさであった。どういう風の吹きまわしか、学校のどういう教育方針にもとづくのか、わたしたちは、この若い先生から、およそおごそかで、近よりがたい倫理を学ぶことになった。だいたい倫理は、校長先生とか教頭先生とかの、年とったえらい先生が教えることになっていた。

当時の日本社会には、いろいろな矛盾が、あらわれてきていた。世は不景気だった。とくに農村は、疲弊《ひへい》してあえいでいた。軍部の中国大陸への侵入と、国内でのファシズムへの傾斜とは、日ましに、強まっていた。こんな情勢のなかでの「倫理」だから、その時間に、どんなことが教えられ、どんな説教がなされたかは、およそ想像がつくであろう。

こういう社会情勢のなかにあって、さきのD先生は、最初の時間がはじまると同時に、教科書を非難しはじめた。「文部省検定済《ずみ》」といかめしく書かれた、わたしたちの「修身」の教科書を手にとって、「こんなバカな、インチキなことはない」と、内容を批判し非難しはじめた。それが数回つづいた。これは、ぼくたちにとって、たいへんなショックだった。むりもない。教科書、わけても倫理（修身）の教科書は、われわれにとって、いわば、おかすことのできない絶対の聖書であり、金科玉条《きんかぎょくじょう》であったのだから。「あのD先生は、アカだ！」とのうわさがひろがった。

そして、D先生は、けっきょく文部省検定済の教科書のかわりに、西田幾多郎の『善の研究』を使うと言明した。

『善の研究』の「第三編　善」をテキストにした授業が、はじまった。だが、二〇歳《はたち》にもたっしないぼくたち青二才に、そうたやすく『善の研究』がわかろうはずはない。聞いても聞いてもわからなかった。読んでも読んでも、むずかしかった。「てんでわかりません」というと、先生いわく、「そうかんたんにわかっては、西田幾多郎が泣く。わからんことがわかるというのは、すばらしいことだ！」と。なんだか狐《きつね》にだまされたようで、ますますわからない。ほめられているのか、けなされているのか、さっぱりわからない。……それでも、学期末の試験は近づいた。わかろうとあせればあせるほど、ますますわからない。といって、「わからんということがわかりました」とだけ書いて、すますわけにもいかない。そこで、まだ若かったわたしは、記憶力にものをいわせて、試験はんいの文を、はじめから棒暗記していった。幸か不幸か、試験はパス。だが、こんな学習をされては、それこそ西田幾多郎は泣いていたことであろう。

カント哲学との出あい

そして、ここでだいじなことは、この授業を通して、わたしは、「カント」という哲人の思想と、出あうことになったのである。といっても、その思想内容がわからないのだから、じつは、やっぱり、カントはわからんということが、わかっただけだった。D先生は、やたらに、「カント」とか、「カントの道徳律」とか、「人格」とか、「定言命法」とか、「善意志」とかいったむずかしいコトバを口にした。なんだか急にえらくなったような誇りを感じないわけでもなかった。が、けっきょくカントの哲学や倫理思想も、わたしに棒暗記されたものであるにすぎなかった。

でも、カントを教わったおかげで、わたしは、カントを、トンカなどとまちがえるような、へまはやらずにすますことができた。というのは、こんな笑いばなしがある。ジンメルという哲学者の書いた『カントとゲーテ』という本があり、その日本訳がでた。訳の標題が、横がきで、『カントとゲーテ』と書かれてあったのを、ある人、「テーゲとトンカ」と読んで、とくとくとしていたというのである。これに反し、わたしは、倫理の時間に、D先生からなんかいとなく、「カント」というコトバをきかされた。そのけっか、まる暗記のカント思想であったとはいえ、トンカとさかさまによむようなことだけは、せずにすんだのである。さいわいなるかな！

思えば小学校時代からこんにちまで、わたしにも、あの先生、この先生と、忘れえぬ、印象ぶかい先生が、なんにんかある。D先生は、その一人である。D先生の授業は、たしか週二時間で、たった一年間だけだった。そして、それだけで、D先生とは縁がきれてしまった。いご、顔をあわすこともなければ、文通をすることもなかった。だが、この先生のおもかげは、ふかくわたしの脳裏《のうり》にきざみこまれたのだった。神聖化され、絶対でもあった修身の教科書――東京のある有名な教授が書いたもの――を、くそみそに批判した先生！　西田幾多郎とかカントとかの思想を、あんな青二才に、あきずに、しかもしんけんな顔つきで教えようとした先生！　「わかりません」といえば、「わかってたまるかい！」とか、「わからないということがわかってけっこう！」とか、いつも、なぞのようなコトバをかえしてきた先生！　そういうD先生のコトバやおもかげが、いま、ほうふつとしてくる。

　そして近ごろになって、やっと、あのころのD先生の意図がわかってきたように思われる。だんだんとゆがんだ道をたどろうとしている日本、そしてそういう日本の歩みにこび、その歩みに迎合《げいごう》しようとするような思想にたいし、先生は、きびしい批判をむけたのだった。先生とよぶには若すぎるほどのこの先生、そのうえ、およそ修身の先生らしからぬこの先生は、そういう批判こそ、もっともだいじな修身であり、倫理であると考えたのであった。権力とか時流におもねらず、こびず、迎合しないばかりか、それにたいするきびしい批判こそがだいじだと、いうのであった。そして、われわれ若いものに、上からあたえられた教科書などを金科玉条としないで、じぶんで考え、じぶんの理性でものごとをみ、なっとくのいかぬ不合理をかんぜんと批判するよう、よびかけたのであった。

　わたしは、これから、カントを問題にしようとしている。そのカントは、批判の哲学を書き、人間とはなんであるかを問題にし、そして、「みずから考え、みずから探求し、みずからの脚《あし》で立て！」と、学生によびかけた。D先生は、そういうカントにあやかろうとしたのかもしれぬ。ただざんねんなことに、青二才は師の心を理解することができず、すべてを、棒暗記の材料にしてしまった。

デカンショで半年暮らす　その後、わたしは、東京のある学校（旧制高等師範学校）で、勉強するようになった。いろいろな関係の先輩たちが、新入生歓迎のコンパをしてくれた。いまと同じように、だんだんうちとけてくると、校歌とか、民謡とか、流行歌の合唱がはじまった。そして、手びょうしの、「デカンショ」がうたわれた。

デカンショ、デカンショで半年《はんとし》暮らす、
よいよい
あとの半年《はんとし》や、ねて暮らす、
よーい、よーい、デッカンショ！

先輩たちは、この歌の意味を説明してくれた。デカンショとは、デカルト・カント・ショーペンハウエルのことである。青年、大いに哲学を勉強すべし！と。また、とくいげに、デカルトやカントの有名なコトバをひれきして、学のあるところをみせた。が、じっくり話しあってみると、反省じみた顔つきで、「とにかく、ドイツ語と、カントだけは、しっかりやっておけよ。……でないと、おれみたいに後悔するぞ！」と忠告してくれた。ピンとせまってはこなかったけれど、先輩の顔は、しんけんだった。

もちろん、「デカンショ」は、ほんらいは、「デカルト・カント・ショーペンハウエル」ではなく、兵庫県篠山《ささやま》付近の盆踊歌《ぼんおどりうた》であったらしい。農民の盆踊歌であったとするなら、デカルト・カント・ショーペンハウエルの意味でなかったのは、たしかであろう。おそらく「出稼ぎしょ」の意味であったろうといわれている。

ただ、問題は、当時（明治の末年から、大正・昭和にかけて）の学生たちが、デカンショを、「デカルト・カント・ショーペンハウエル」の意味で、高唱していたということである。それは、デカルト・カント……といった人の思想、つまり、西洋近代の哲学論にあけくれていた、当時の学生気質《かたぎ》を、ほうふつさせるのである。教室でも、仲間どうしの議論でも、そして、コンパでも、「デカルトいわく……」、「カントによれば……」が、たえず口にされたことであろう。まさに、日々が、デカンショで暮れていったことであろう。

毎にち、カント、カント、カント

授業がはじまった。わたしは、文科のなかの、倫理・教育・法経を専攻するクラスに属していたので、そうした方面の授業が多かった。ところが、おどろいたことには、哲学や倫理学の授業はもちろんのこと、教育学の時間でも、さらに法学通論の講義でも、「カントいわく」

「カントによれば」が、しきりととびだしてきた。わたしは、めんくらった。そして、首をかしげた。なぜ、カントが、そんなに問題になるのか、と。

ある先生はいった。「カント以前の哲学は、みんなカントへ流れこみ、カント以後の哲学は、すべてカントから流れでた」と。そういわれてみれば、諸先生が、「カントいわく」を口にするのも、なるほどと了解できたのだった。かつて、お説教づくしの修身のかわりに、カント倫理学を手づるにして、善にたいする考えかたや批判態度の訓練をしようとしたD先生の気持ちが、わかってきた。しかし、もちろん、カント以前の哲学が、どのようにしてカントへ流れこみ、どのようにしてカントから流出していったかは、わからなかった。とにかく、わたしのばあいは、「カント、カントで半年暮らす、よいよい……」であった。

カントはドイツ人だから、カントの話がでると、さかんにむずかしいドイツ語が、口にされ、黒板に書かれる。それは、やむをえないとしよう。ところがどういうわけか、哲学や倫理学や教育学の講義には、やたらにドイツ語がとびだしてき、そしてそれが黒板に書かれる。黒板は、ドイツ語でいっぱい。まだろくにドイツ語を習っていないどころか、ABC……のアルファベットがはじまったばかりだ。カントいわく、ヘルバルト（ドイツの教育学者）いわく、の内容がむずかしいうえ、さらにそれがドイツ語の原語を使って説明されるのだから、ますますわからない。新入生たるもの、たまったものではない。「ドイツ語とカントはしっかりやっておけ！」との上級生の忠告が、もうはじめから身にしみるようだった。

もちろん、N先生はこういった。「デカルトいわく、カントいわく、ヘルバルトいわく……は、『デカルト、カント、ヘルバルト……は、こういったということだ』にすぎない。『こういったとさ』にすぎない。つまり、だとさだ。だから、だいじなことは、諸君が、みずから考え、みずからの脚で立つことである。哲学（フィロゾフィー）とは、哲学をおぼえるのでなく、みずから哲学すること（フィロゾフィーレン）なのだ」と。そういいながら、ただちにまた「カントいわく……」がはじまる。だから、「カントいわく」の内容が理解できないかぎりは、みずからフィロゾフィーレンするわけにもいかないのである。

いっきょりょうとく
原書でカントを

「カントいわく……」「……」「……」……をきかされ、ドイツ語に苦しめられ、英語（語学の時間のほか、教育史の演習や西洋史の授業も、英語の原書）に時間をとられ、無我夢中で一年間は終わった。

春休みがおとずれた。わたしは、一大決心をした。ひとつ、ドイツ語の原書で、カントを読んでみよう、と。カント哲学の勉強ができ、同時にドイツ語の練習にもなるというなら、まさに、いっきょりょうとく（一挙両得）である。

わたしは、“IMMANUEL KANT : GRUNDLEGUNG ZUR METAPHYSIK DER SITTEN”（イマヌエル＝カント『グルントレーグンク＝ツア＝メタフィジィーク＝デア＝ジッテン』）という、みどり色の、一冊の原書を手にいれた。世に「ビブリオテーク版」といわれている、あざやかなみどりで装ていされた、きれいな本である。そのときの感激は、たとえようもなかった。これが、世界一の哲学者カントの原書だと思うと、手にしただけで、心がおどってくるのだった。それこそ、じかにカントにふれ、みずからの力でこれを読破し、これを理解し、これをわがものにしてやろうと、胸がたかなるのを、禁じえなかった。この本の題名の意味は、「道徳哲学のための基礎工事」とでもいうべきものである。当時、日本訳は、『道徳哲学原論』（安倍能成・藤原正訳、岩波書店刊）という名で、世にでていた。わたしは、同時に、この邦訳を買いもとめた。（こんにちでは、さらに、『道徳形而上学の基礎』、『道徳形而上学原論』などという名の訳もでている。）原書と訳本の二冊を手にして、意気ようようとふるさとへむかった。なにか、すばらしい恋人か宝かを、手に入れでもしたような思いで。

しかし、やっとドイツ語の初級を終わったばかりのものにとっては、この本は、たいへんな難解だった。だいいち、単語がわからない。わたしは、どのページの余白もいっぱいになるほど、辞書を引いて、単語の意味を書きこんだ。訳をたどって、ともかくも一文章、一文章をたどっていった。一日じゅう、朝から夜おそくまで机にかじりついていても、なにほども進まない。この本(『グルントレーグンク』と略称されている)は一文章が長いことで有名である。覚悟はしていたが、それでも、ときに一ページ近くもの文にでくわすと、眼と頭がくらくらするようだった。まさに、難行苦行である。しかし、わたしにとって、ところどころにオアシスがあった。それは、かつてD先生から、またちかくはN先生から教わり、すでに知っていた名句にであったときである。「この世界ではもとより、およそこの世界の外においても、無制限に善とみなされることができるようなものは、善意志いがいには、まったく考えられない……」こんな句を見つけだしたときには、なつかしい友にでもあった思いで、カントじしんの直接のコトバを口ずさむのだった。

悪戦苦闘のすえ、春休みの終わるころ、とにかく読破した。快哉《かいさい》をさけばずにはおれなかった。この喜びが、家の人たちにわかろうはずはない、赤飯をたいてもらうわけにもいかない。じぶんひとりで、ふるさとの山野を歩きまわった。まるで、天下でもとったような思いにみたされて……。

はげまされた わが心

むずかしかった。ドイツ文の構造は、むずかしかったが、とにかく訳を参照にして、なんとか、じぶんなりに理解した。しかし、内容となると、そうかんたんにはいかない。まだわからないこと、なっとくのいかぬことは、ずいしょにあった。

しかし、一ページ、一ページとすすんでいくにつれ、なにか、力強く、わたしの心にせまってくるものがあった。カントは、若いわたしに、こんなふうにうったえてきた。

理解力・機智・判断力などの精神的才能は、なるほど望ましいものである。勇気・果断・堅忍《けんにん》不抜《ふばつ》などの気質の性は、なるほど善いものである。また、権力・富・名誉はもとより、健康、身心の安泰《あんたい》、みちたりた境遇など、そうじて幸福とよばれるものも、善いものであり、望ましいものである。しかし、それらを、無条件に善いものというわけにはいかない。それらを、人間にとって、いちばん価値のある、望ましいものとみなすわけにはいかない。人間にとっていちばん価値があり、人間に人間らしい尊さをあたえるものは、善き意志である。善意志こそ、この世界ではもとより、世界のそとにおいても、無条件絶対に善とみなされうる、ただひとつのものである。それゆえ、もし、われわれの意志が善でなかったら、さきにあげたせっかくの才能や性質も、きわめて悪い有害なものとなりかねない。知恵があり、勇気があり、冷静である悪漢ほど、おそろしくて憎むべきものはないではないか。権力・富・名誉などといった幸福にめぐまれた人が、もし善意志を欠くならば、どういうことになるであろうか。かれは、得意になり、ときには思いあがって世に害悪をおよぼすであろう。わたしたちは、純な善意志のおもかげをつゆ持たぬ人が、この世に栄えていくのをみて義憤を感じないであろうか。あさましい人間として、その人を蔑視するではないか。まさに善意志こそ、いっさいをこえて光りかがやく尊厳であり、人間を人間たらしめる本質である。人格を崇高なものとする根源である、と。

わたしの才能は、貧弱だった。わたしの性質は、気が弱く、優柔不断だった。わけても小さいときから体が弱かった。あまり、権力や名誉にあこがれはしなかったけれど、また、巨万の富がほしいとは思わなかったけれど、貧乏はつらかった。身心の安らかさや、落ちついた境遇がほしかった。当時の疲弊《ひへい》した暗い農村のなかにそだったわたしの心は、かずかずの欲求不満にみたされていた。

カントの『グルントレーグンク』は、人間の尊厳や崇高さが、善意志のなかにあることを、くりかえし教えてくれた。力強く、わが心にうったえてくれた。暗かった青年の心に、光りが、さしこんできたようだった。哲人の書を読破しえた喜びは、同時にまた、行手になにか希望を見つけだした喜びでもあった。

わたしに投げかけられた問題

なんじじしんに不純はないか

しかし、他面、カントのコトバは、わたしの心の奥底へ、いわばことを審判する神の声のように、くいこんできた。それは、はたしてわたしじしんの意志が、純粋に善であるかどうかと、わたしの心にせまってくるのであった。そしてそれが、わたしじしんの不純さを自覚させ、かよわい青春の心を、苦しめるのだった。

『グルントレーグンク』によれば、絶対的な価値をもつ善意志、人間の尊厳の根源である善き意志とは、純粋に理性の声にしたがうことであった。逆にいえば、この世の幸福をもとめようとする人間の欲（本能・衝動）によって、意志が動かされたり、影響されてはならない、というのであった。幸福な生をいちばんだいじな目あてとするような生きかたは、カントによれば、悪である。人間のなすべきこと(道徳的な善)は、幸福追求ではなくして、幸福をさずかるにふさわしいということである。幸福をうけるにふさわしいとは、幸福を追うことではなく、むしろ逆に、幸福を意にせず、ときには幸福を犠牲にしても、ひたすら純粋に、理性にもとづいて行動し実践することである。生きたいから生きる、好きだから愛する、いっぱんに、こうしたいからこうする、というのでは、自然の性（本能・衝動）のままに動いているにすぎず、動物とかわりはない。そんなことでは、人間の尊さや価値は、どこにも見いだされないであろう。問題は、生きたくない、死にたい、にもかかわらず、理性の命ずるところにしたがって、けつぜんと、義務感から生きぬこうとすることである。好きではない、にもかかわらず、愛すべきがゆえに愛することである。まさに、「なんじの敵を愛せよ！」である。『グルントレーグンク』は、こういうきびしい理性主義ないし「義務感からの実践」を、これでもか、これでもか、というほどに、わたしにせまってくるのだった。

　わたしも人の子であり、青春の血に燃える青年であり、人間であった。おませでもあったわたしは、また、多情多感の若ものであった。権勢とか、カネもちにはそうミリョクがないばかりか、そういう人に義憤をさえ感じたが、しかしひとなみの幸福はほしかった。愛する女性（恋愛）がほしかったし、愛する女性を愛したかった。そのために若い心は動揺した。しかし、生涯、独身であったカントは、それを許しそうにはなかった。「清らかな愛」などと、自分で弁解し、自分でなぐさめてみても、だめだった。すくなくともじぶんのばあいは、義務からの愛どころか、人間の性《さが》にもとづく根強い欲だ！　カント流にいえば、わが愛は、不純いがいのなにものでもないではないか！　といって、わたしは、この内の思いを捨てさることもできないのである。義務からかの女を愛しているのではないし、義務からかの女を愛することはできない。わたしは、たちきれぬわが業《ごう》に、悩み苦しんだ。

　わたしは、『グルントレーグンク』の最後の余白に、読み終えた日付と、読破に要した日数とを記入した。読み終えた感激や、カントの崇高な考えかたを、たたえた。そして、つけくわえた。「わたしは、カントから遠くへだたっている。純粋な善・善意志・理性から遠くはなれて、デモーニッシュな情欲・感性・恋愛のなかにもがいている。この世の幸福をもとめてあくせくしている。なんてくだらない人間なんだろう！
だが、この両面、理性と愛、善と幸福の二面は、調和することができないものだろうか……」と。

わいてきた学問的情熱

休暇のさいには、いつでも『グルントレーグンク』を持参して帰省した。二回目、三回目、四回目……と、読破を記念する日付の回数は、ふえていった。それがふえるにつれ、書かれていることの内容や順序が、本を開いただけでわかるようにさえなった。

わたしの関心は、おいおいと、カントを学問的に研究してみようという方向へ、向いていった。日本ででていた、カント研究に関する著作をしらべた。経済のゆるすかぎり、そうした本を買い集めていった。当時(昭和一〇年ごろ)は、まだ、神田や本郷の古本屋をぶらつけば、こうした本が、たいてい見つかった。安いレクラム版(岩波文庫のような原書)の『実践理性批判』(『クリティーク＝デア＝プラックティッシェン＝フェルヌンフト』)、『永久平和のために』、『たんなる理性の限界内の宗教』などの原書を手にいれて、胸をおどらせた。カントの著作にかんしての訳も、だんだんとふえていった。

カントとは、いったいどういう人間なのか。まず、わたしは、カントの伝記をあれこれしらべては、うなずいたり、感心したりした。時計のようにきちょうめんであったという、カントの日常生活を、まねた。思想内容もおいおいわかってくるにつれ、わたしは、思わず、「カントいわく……」「カントでは……」を口にするようになった。こうして、ばんじ、カントにあやかろうとした。こんどは、諸先生がたから教えられるカントではなく、わたしじしんの自発的な意志による、「カント、カントであけくれ暮らす、よいよい……」であった。わたしは、カントのとりこになってしまった。

大学生活をおくるようになったころには、わたしは、カントを、卒業論文のテーマにすることに決めていたといえよう。カントが、わたしじしんのなかでしめていた場を思えば、卒論がカントになるのは、とうぜんであった。

あらたに、ビブリオテーク版の『実践理性批判』（クリティーク＝デア＝プラックティッシェン＝フェルヌンフト）や、『純粋理性批判』（『クリティーク＝デア＝ライネン＝フェルヌンフト』）や、『判断力批判』（『クリティーク＝デア＝ウアタイルスクラーフト』）を買いもとめて、本格的な勉強をはじめた。もちろん訳を参照しながら。同時に、哲学史のなかにおける、カントの位置や役わりについても、勉強しなくてはならなかった。つまり、カント以前の哲学が、どのようにしてカントへ流れこみ、カント以後の哲学が、どのようにしてカントから流れでたか、ということを。

T先生、M先生、K先生などの、カントにかんする講義や演習にでた。助手のIさんは、カントにかんするすぐれた卒論を、書かれたひとだった。いかにもカント研究者らしい、誠実で、純で、まがったことのきらいな人格の持主だった。このIさんから、身近かで、いろいろな教えをうけることができた。わたしは、このうえなくよき師、よき先輩に、めぐまれたといえよう。

哲人カントも人間であるはず

そもそもわたしが、カントの考えかたに感激したのは、つぎのことだった。すなわち、この世の幸福を追うのでなく、その幸福をうけるに値すること、つまり、道徳的義務の命令（純粋な理性の要求）にしたがうこと、それを、人間の尊さの源泉としたことだった。

しかし、いたらぬわたしは、どうしても、ひとなみのこの世の幸福がほしかった。また、女性との愛情（恋愛）に心がひかれるのを、たちきることができなかった。なんてくだらない人間だろうと、みずからわが身を叱ってみた。だが、好きな人に、おのずから向いていく愛は、大きく強くわが心を動かさないわけにはいかなかった。

理性と欲求、義務と快楽、正義と愛、禅僧的な学的修業と恋愛、なすべきこととしたいこと、………この二つのあいだのカットウに、苦悩したのであった。

しかし、カントだって、人間であろう。人間であるかぎり、わたしがいだいたような苦悩が、カントにぜんぜんなかったはずはなかろう。たしかに理性は、人間にのみ許された尊いものであろう。しかし、この世の幸福をもとめてやまない欲求も、もし神がそれを人間にさずけたとするなら、神の眼には意義のあるものであったはずだ。

善と幸福

理性と欲望、善と幸福、幸福に値することと幸福にあずかること、両者は両立できないものだろうか。両者は調和できないのだろうか。もし両立し調和するとするなら、それは、どういう姿、どういう形で可能なのであろうか。それが、いまわたしにとって問題であった。人間くさい人間、わけてもわたしのようにくだらない人間が、人間でありながら、人間の尊厳をあらわしていく道はないのか。きびしく尊厳なカント哲学は、わたしのような人間にも生きる希望を、あたえてはくれないだろうか。

たしかにカントは、なすべきかいなかを、幸福になるかどうかによって決めてはならない、といった。しかし、幸福そのものがいけないとはいっていない。むしろ、幸福をうけるにふさわしい姿で、幸福にめぐまれることを望んでいるともいえよう。

『形式から内容へ』、それが、わたしの卒論の題目となった。それは「善意志から幸福へ」といいかえてもよかった。『形式から内容へ』という、わたしの論文は、善意志と幸福との関連を解明しようとしたのである。いうまでもなくわたしは、そのことによって、わたしの、この世での生、この世での幸福、この世での愛、それらの正しいありかたを求めようとしたのである。

カント的精神はいずこへ

理性的でない時代の流れ

だが、日本の現実は、ますます暗くなっていった。不景気がつづき、農村が疲弊し、政治が堕落《だらく》していった。ファシズムないし軍国主義の風潮が、瀰漫《びまん》していった。中国とのいざこざがだんだん大きくなり、正義の名のもとに、中国への侵略がだんだん拡大されていった。そとでは、満洲事変や日華事変がおこり、日独伊間の防共協定や軍事同盟が成立していった。うちでは、五・一五事件や二・二六事件がおこり、文化や思想の統制がはじまり、ついに、国家総動員法が発令されていった。学校や在郷での軍事教練は強化されていった。たんに若い青年だけでなく、中年の人たちまでも、召集をうけて、入隊していった。中国の戦場へ派遣される軍隊は、増加していった。そして、ある人たちは、戦死して、骨となって帰ってきた。太平洋戦争前の、まったく暗たんたる時代である。

　多くの人たちや著作が、思想的な弾圧をうけた。カントのいう理性が、だんだんと失われていく時代であった。カント学者であり、『純粋理性批判』の訳者でもある天野貞祐さんの、『道理の感覚』は、わたしに強い感激をあたえてくれた。道理（理性）の存在《そんざい》とその勝利を確信する、この本の著者は、道理の感覚によって、時勢をするどく批判した。それは、わたしたちにとって、とくにカントを勉強しているわたしにとって、りゅういんのさがる思いをさせてくれた。しかしその本も、弾圧をうけ、著者は自発的に、発行の停止を申し出なくてはならなかった。カントの「永久平和論」などは、非現実的な夢となってしまった。

　デカルトの、「われ考う、ゆえにわれあり」という考えかたは、近代人のものの見かたの、シンボルであった。しかし、それも、いま、国家という強大な怪物のまえでは、たわごとのごとくか弱いものにすぎなかった。こうして、「デカンショ」は、たとえ歌われたにしても、ほそぼそとした声での、かつてのよき時代へのノスタルジァ（郷愁）となってしまった。

　カントにかわって、フィヒテの、愛国的な『ドイツ国民に告ぐ』がはやった。フィヒテは、カントの自由哲学をうけついだ哲学者で、当時（一八世紀の末から一九世紀のはじめ）のドイツの統一を念願する愛国者であった。『ドイツ国民に告ぐ』は、ナポレオンの占領下でなされた、愛国的な講演である。日本は、占領されてはいなかった。むしろ逆に、満洲その他を占領していた。それでも、大陸への派兵は、やむにやまれぬ、いわば、われわれの生存のためのぎりぎりの線だと、政府やニュースや新聞は、宣伝した。そこでは、フィヒテ流の「日本国民に告ぐ」が、必要であったのかもしれぬ。とんでもない利用をされたものだ！と、ドイツの地下で、フィヒテは苦笑していたかもしれない。いや、嘆いていたかもしれない。

風にそよぐ葦

また、ヘーゲルがはやった。「国家は、世界史の審判にたえなくてはならない」というヘーゲルの考えかたは、さいしょは、時局を批判する意味で、喧伝《けんでん》された。日本の歩みが、世界史の審判に是認されなくてはならないとして、ゆがんでいく方向を批判しようとした。しかしのちには、日本の歩みこそ、世界史の審判にたえるどころか、世界史の新しい方向をしめすものだ、というふうに解釈されていった。こうして、ヘーゲルの考えかたは、対外的・対内的国策を哲学的に基礎づけ、美化するために利用された。ヘーゲルの『法の哲学』のなかに、「理性的なものは現実的であり、現実的なものは理性的である」という有名な句がある。それにもとづいて、日本の現実が、理性的で正しいものと吹聴《ふいちょう》された。また、『法の哲学』は、国家こそは、地上における神であり、自由の実現であり、したがって、ほんとうに理性的なものである、とした。さらに、愛国心をたたえ、戦争の高遠な意義を論じた。そのなかで、ヘーゲルはいう。戦争によって国民の健康が保たれ、民族精神の固定化が防止される。戦争こそは、民族を強くし、むしろ国内における安静・統一をもたらし、平和からくる腐敗・堕落を防ぐものである。国家は、動的に（弁証法的に）発展していくものとして、戦争をもたないわけにはいかない……と。中国での侵略戦争にあけくれる日本。そういうとき・ところのなかで、この国家観ないし戦争観が流行したわけは、いわずとも明らかであろう。

いっそう時局が進展するとともに、ヒトラーの『わが闘争』とか、ローペンペルクの『二〇世紀の神話』が宣伝された。まもなく第二次世界大戦がはじまった。

そのころのことだった。わたしは、山手線の電車のなかで、ある旧制高校の一学生が、岩波文庫の『純粋理性批判』を、読んでいるのを見つけた。あれっ！　と、自分の本でも読まれているように、おどろいた。わかるのかしら？　ともいぶかったが、つよく胸をうたれ、頭のさがる思いがした。この学生は、明日は応召してでかけていくかも知れないのに……。

だが、「考える葦」（パスカルが、思索する人間をたたえたコトバ）の多くは、とうとうとして、「風にそよぐ葦」へとかわっていった。そして、恥ずかしいことには、かつて、カント的な理性を口ぐせにしていたわたしも、この、時の流れの誤りを理解することができなかった。批判し抵抗することもなく、「国策になびく葦」となってしまった。まことにカント研究者の名に値せぬ、カント研究者であった。なさけない、恥ずかしいカント研究者といわねばならない。

カントで、めしを食う男

多くの人が、あるいは国外の戦場で、あるいは国内の空爆下で、あるいは飢えで、死んでいった。身近かな、あの人、この人も帰らぬ人となった。疎開していたわが家族は助かったけれど、東京で、食うものも食わずにわたしを世話してくれた「おばさん」は、三月九日の大空襲で、焼け死んでしまった……。だが、わたしは生き残った。九死に一生をえて。

日本は敗けた。戦争は終わった。空には、侵入した米空軍が、勝利者として、爆音をとどろかせていた。思いもかけぬことだった。浦和の、ある好意ある一家の世話をうけていたわたしは、ここの一室から、うつろな気持ちで、この爆音をきいていた。心身ともに、生きる力もないほどに疲れはてていた。

ようやくにして、ともかくも立ちなおった心は、カントを求めた。やっぱり、心のふるさとが、なつかしかったのであろう。いちばん大じにして、さいごまで身のそばにおいていたものは、みんな焼失してしまった。だが、ふしぎにも、疎開させていた、カントの三批判書（『純粋理性批判』・『実践理性批判』・『判断力批判』）の原書など、大じなものが残っていた。

わたしは、『純粋理性批判』の原書を、ぼつぼつと、読みはじめた。読んでいくうちに、心のふるさとは、病みつかれた心を、だんだんと回復させてくれた。意欲もでてきた。ニコライ＝ハルトマンというドイツの哲学者は、こんな本は、一日に一ページ以上を読んではならない、といったということである。じゅうぶんに考えるよう、教えたのである。だが、そんなことをしていたら、七六六ページあるこの本を読むだけでも、二年間あまりもかかってしまう。そこで、わたしは、プランをたてた。なん日間で読み終えるというプランを、さきだたせた。そして、一日に読まねばならぬページ数をわりだした。わりあての読了をきびしく守るよう、ちかった。だが、これは、たいへんな苦業であり、疲れた身に、ひどくこたえたようであった。

とにかく、「カント、カントでひねもす暮らす……」の日が、またはじまった。わたしは、すでに、数年前から、教師として、哲学や倫理学を教えていた。しかし、戦争中、とくに末期は、授業らしい授業はほとんどできなかった。学生は、今日は工場へ勤労動員されていったかと思うと、あすは召集をうけて軍隊へむかわねばならなかった……。が、いま、戦争が終わり、食うや食わずのなかで、ともかく授業をはじめることができるようになった。

わたしは、カントの『グルントレーグンク』を材料にして、授業をはじめようとした。が、学生には、ドイツ語の力はなかった。やむなく、アボットの英訳（T.K.ABBOTT；FUNDAMENTAL PRINCIPLES OF THE METAPHYSIC OF ETHICS BY IMMANUEL KANT）をテキストにした。それでも、学生は、難解のようであった。

ある友人がひやかした。「カントでめしが食えるとは、きみは、けっこうな男だね。カント先生にお礼をいえよ」と。もちろん、わたしの机上には、もう一〇年近くも（戦争末期の一年間をのぞいて）、カントの肖像が、飾られてあった。

悔い・わび・反省

ただ、戦争が終わってみて、わたしは、自分じしんのとってきた態度について、深い悔いとわびの念に、責められねばならなかった。ゆがめられていく時の流れを正すために、わたしの、カントを中心にした勉強は、どれだけの寄与をしたであろうか。わたしは、政府から、ラジオから、また新聞から流されてくることを、そのまま信じこんで、この戦争の性格を見ぬくことができなかった。したがって、戦争にたいして、なんらの、正しい批判や抵抗を向けることができなかった。とうぜん、学生にたいしても、正しい認識や批判をのべることは、できなかった。それは、カント哲学の徒として、恥ずべきことではなかろうか。教師として、申しわけのないことではなかろうか。

間違ったのは、わたしだけではなかったように思う。カント、ヘーゲル……などのすぐれた研究者として、わたしが日ごろ尊敬さえしていた人たちのうち、ある人たちは沈黙した。ある人たちは、権力に屈した。ある人たちは、権力に追ずいした。ある人たちは、それに迎合した。ある人たちは、おもねった。いったいこれは、どういうわけなのだろうか。哲学者が、こういうありさまだとするなら、哲学の意義はどこにあるのだろうか。

敗戦のあとで、戦争に批判や抵抗をしめした人、またそのために何年かを牢獄ですごした人、獄死した人、さらには殺されさえした人……などが明らかにされてきた。そのなかには、名もなく、学のないような人もいた。が、また、学問的な知識や理論にもとづいて、批判や抵抗をした人もいた。そういう人の多くが、あるいは社会科学者であり、あるいは社会主義者や共産主義者であり、あるいはマルクス主義者であったというのは、いったいどういうわけなのだろうか。おそれられ、悪者あつかいにされたアカが、反戦と平和を主張し、忠良なる臣民とされた人が、その逆であったとは！　カントは、すでに、一五〇年もまえに、永久平和論を、主張していたではないか！

わたしは、みずからを悔い、みずからの誤りをわび、そして、みずからの研究方法を反省しないわけにはいかなかった。

わたしは、そしてまた、いままでの日本の哲学者たちは、頭のなかだけで、カントやフィヒテやヘーゲルを、解釈していたのではなかろうか。日本だけではない。哲学の国ドイツは、性《しょう》こりもなく、二度もあんな戦争をおこして、世界をこまらせた。ドイツの哲学もまた、意識のなかだけのことで、現実を批判し是正するという力に、欠けていたのではなかろうか。

ようするに、哲学と、現実の政治権力・経済・社会などとの関係の問題である。たとえば、カント哲学は、そのころのドイツの政治や生活や社会状況と、どういう関係にあったのであろうか。またそれは、その後の哲学にたいしてだけでなく、その後のドイツ社会にたいし、どういう影響をおよぼしたのであろうか。そして、われわれ日本人に関していうならば、カント哲学はどういうわけで日本にとりいれられ、なぜ流行し、どういう影響をおよぼしていったであろうか。カント哲学が、解釈されるだけで、批判する力となりえなかったのは、なぜであろうか。そしてまた、市民社会ないし資本主義の矛盾がうんぬんされ、社会主義社会が台頭してきたこんにち、カント哲学そのものは、はたしてどういう意義をもちうるであろうか……。

わたしは、『グルントレーグンク』を読んでいらい、カント哲学を、煩悩《ぼんのう》に苦悩する人間の立場から、理解しようとしたのだった。そして、戦後の悔いとわびと反省のなかから、カント哲学を、社会の発展、歴史の歩み、という立場から考察しようとした。この小著もまた、そういうわたしの苦悩と、悔い・わび・反省との、ささやかなあらわれであるともいえよう。

目次

Ⅲ

18世紀後半のヨーロッパ東部

(ケーニヒスベルクは東北のはずれにある)

I

カントの住んだとき・ところ

期待された不自然
——片すみの、東プロイセンでの物語——

いまからおよそ二四〇年まえ、すなわち、一七二四年の春、哲人カントは、ケーニヒスベルクでここの声をあげた。ケーニヒスベルクだって？　と、人はいぶかるであろう。むりもない。

欧州東北のはずれ

ヨーロッパの地図を開いてほしい。ベルリンの東北、ワルシャワの北方、バルト海にのぞんだところに、カリーニングラードという都市がある。いま、ソ連領になっているこのカリーニングラードこそ、カントのふるさと、ケーニヒスベルクなのである。

カントは、ヨーロッパ東北の、この片すみの地に生まれ、しかも、この地に強い愛情をもった。かれは、八年余（一七四七～五五）の家庭教師の間を除いて、ほとんどこのケーニヒスベルクをはなれることがなかったといわれる。カントにとって、ケーニヒスベルクは、いわば、ただひとつのふるさとであった。ある人（クルト＝シュターフェンハーゲン）は書いている。カントが、みずからの人格を、またみずからの偉大な思想をつくりあげたのは、このケーニヒスベルクにおいてであり、この都を通してであった。かれは、まさに全身全霊をもって、ケーニヒスベルクを愛した。かれの偉大な人生は、この都のものである、と。後でのべるつもりだが、カントじしんも、この都のすばらしさを書いている。

そこで、わたしたちは、まずなんとしても、カントをとりかこむエートス（カントの住みなれたふるさとの雰囲気《ふんいき》、いっぱんの生活感情ないし生活意識）を、みてみる必要があろう。

あわれな家庭教師

もう一〇年ほども前になるであろうか。「家庭教師《ホーフマイスター》」という劇が、日本で演じられたことがある。これは、本国のドイツでも、また日本でもなかなか人気のある作家ブレヒト（一八九八〜一九五六）が、レンツの「ホーフマイスター」を、改作したものであった。

レンツ（一七五一〜九二）というのは、一八世紀のドイツの劇作家で、カントの講義をきいたこともあった。みずから家庭教師をした経験もあるレンツは、東プロイセン（ケーニヒスベルク付近の地方）を舞台にしたこの戯曲のなかで、当時（一八世紀後半）の、この地方の、社会的・道徳的・宗教的な雰囲気を、なまなましく描いたのであった。

わたしは、レンツの原作と、ブレヒトの改作との違いを、じゅうぶんしらべてはいない。が、この改作劇では、次のような諸点が、わたしに強い印象をあたえたのであった。すなわち、そのころの貴族階級の封建的な意識。召使とか家庭教師とかの身分が受けねばならなかった隷従的《れいじゅうてき》な取りあつかい。情欲のために罪をおかさないではいられないような人間、したがって霊と肉との葛藤《かっとう》に苦悩しないわけにはいかない人間の姿。支配階級に気にいるため、人間的情欲の根元をたちきり（去勢《きょせい》し）、バックボーンを売りわたしてしまうことによって、パンを得ようとした教師の像。そういうなかに姿をあらわしてくるカント哲学、などが。そしてブレヒトは、この作によって、ドイツの教育がたえず権力に屈従し、支配階級の手先きとなってしまう、ドイツの悲劇のいろはを表現しようとしたのであった。いうまでもなく、日本の演出者は、日本のなかにもあるこの悲劇を、訴えようとしたのであろう。

この、あわれな家庭教師の物語を、すこし、追ってみよう（岩渕達治訳による）。

青春とは罪なもの　場所は、インステルベルク（ケーニヒスブルクを流れるプレーゲル川の上流）の、少佐家の娘、グストヘンの部屋。顧問官（少佐の兄）の息子フリッツは、従妹《いとこ》のグストヘンと強い愛の誓いをかわしているところを、父に見つかってしまう。

「さあ、すぐみんな言ってしまいなさい。ここで何をしとった？………いいかフリッツ、………いまだいじなことは、ハレに行って勉強して人類の光明の担い手になることだ。おまえは、まず、この娘にふさわしい者にならなければいかん。そして、ほんとうの自由がなんであるかを、会得《えとく》しなければいかん！　このような自由こそ、人間を禽《きん》獣と分かつものなのだぞ。禽獣はしたいことをする。ところが人間は、それをせんからこそ自由なのだ。わかったか、フリッツ！（フリッツ、はずかしそうにうなづく。）だからわしは、おまえたちに、別に人から強制されず、自由意志で、どうしてもそうすべきであるような型で、お別れをしてもらいたいのだ。おまえたちのあいだで取りかわされる手紙は、かならず公明正大なものでなければならん。……考えることは自由だ。しかし書いたものは、かならず検閲する。……じぶんのしたいように、人がだれもみていないときにするようなのじゃいかん。……いいか。理性こそわれわれの厳正な支配者なのだよ。」

ザクセンのハレ大学で学ぶフリッツの友人ペートスは、カントの信奉者である。ペートスの主任教授ヴォルフェンが、カントの反対者であるために、ペートスは、試験がうからない。かれの友人ボルベルクは、「永久平和論」などをとなえているカントは、ぐまいで、大まぬけで、キ印じゃないかな、と、カントをあざける。だがペートスは、ゆずらない。かれは、奉公人として、とくに国王の奴隷として身をささげておれば満足しているドイツ人の奴隷根性を、批判する。カントにたいする反対も、ときを告げるオンドリをにくむ去勢鶏のようなものだ、という。しかし、それほどのかれも、愛するかの女との結婚と就職のために、カント哲学をしばらくおあづけにして、妥協する。つまり、「戦争は万物の母なり」と書き、無事、たのしい小市民生活へはいりこむというわけ。

少佐家の家庭教師となったロイファーは、平身低頭してつかえるが、だんだん奉公人あつかいをされ、給料はへらされていく。娘のグストヘンと、グストヘンをも教えることになったロイファーとは、だんだんと肉体的に近づいていってしまった。帰省しない恋人フリッツを待ちきれないグストヘンは、ロイファーを代用にしようとしたのである。

少佐家の一行に追われ、射殺されようとしたロイファーは、近傍の村の学校（分教場）へ逃げ、そこの校長先生に助けられる。そこで、校長先生の助手をして暮らすことになる。ここには、かれに心の愛をそそいでくれる、養女のリーゼがいた。青春の情熱にうちかてなかったロイファーは、リーゼを抱ようして、キスし、見つかってしまう。追放を申しわたされたロイファーは、自分を責めつつも、なげくのである。

「しかし人間であるってことが、そんなに呪うべきことだろうか。この感情がどんなに肉的だろうと、どうしてそれが不自然だというのだ。おれを石につくらなかった自然こそ呪われよ、こんな不自然なものをつくりやがって。いったい、おれのどこがわるいんだ。馬丁だって男であることが許されているじゃないか。だのに、おれにはそれが許されないのか。……」

期待される教師像

この自然の矛盾のゆえに、追放されて職にありつけないロイファーは、みずから自然にそむいて、ことを解決しようとする。かれは、去勢して、自然のあたえた男性を否定したのだ！　校長先生から、こうほめられはしたが……。

「……りっぱな奴だ、おまえを抱かせてくれ、すばらしい、貴い戦士だ！　道はひらけた。この道をたどって行けば、おまえはきっと教育界の光明になれるだろう。教育界の明星と仰がれるだろう。……」

「……きみはいま、おのれのうちのあらゆる反対を滅し去り、すべてを義務の命ずるところに従わしめたのだろう？　いまからきみは、後顧のうれいなく、人を自分どおりに教育することに専心できるわけだ。これ以上の進歩は望めんな。……前途は洋々たるものだ。」

おかげで、いまや失業の心配も、また情欲の心配もなくなったロイファーは、恋人リーゼの愛をうけて、精神的な結婚をする。「だめなんだよ！　そいつはできない相談なんだよ」と、校長先生を慨嘆《がいたん》させながら。

エピローグ（おわり）に、家庭教師のロイファーになった俳優は、幕の外で、観客にこう訴えるのである。

「これがこの喜劇の結末《けつまつ》でございます。みなさまはきっと、いささか嫌悪《けんお》をもよおしながら、芝居をごらんになったことと存じます。

なぜって、みなさまは、ドイツの悲劇をごらんになりましたし、

ドイツに生をうけた人間が、一〇〇年前、いや一〇年前にも、めいめい、どうやって妥協し、おりあいをつけてきたか、おわかりになったことでしょうから。

いや、こんにちでさえ、こんなことが、どこにだって行なわれているのです。

…………………

かれは、われとわが身にとびかかって、苦しみと災いの種をつくる役にしかたたない生殖力の根源を、みずから絶ちきったのでございます。

と申しますのも、かれが自然のままにふるまっているうちは、

いつまでたっても上の方《かた》からは嫌われるからなんです。

平身低頭、膝《ひざ》を七重《ななえ》に折っていたうちは、その日の糧《かて》もとりあげられて、おあずけをくっていたんです。

かれが羅切《らせつ》〔去勢〕し、みずからの男を失った暁に、はじめて、やっと、上の方がたの知己を得ることができました。

しかしそのときは、かれのバックボーンは折れておりました。

これからのかれの義務は、自分の生徒たちのバックボーンを、骨ぬきにすることです。

わがくにの学校教師諸君！　どうかかれのことをお忘れなく。

かれこそは、「不自然」の産物であり、その製造元であります。

新時代の教員生徒諸君、みなさんはよくよくかれの奉公人根性をごらんになって、みなさんは、こんなものとは縁を切ってくださいまし。」

劇は、これで終わった。わたしは、ふかいためいきをついた。日本の社会、日本の教育、わけても道徳教育や倫理学のことを考えたのである。こんにちの教育、こんにちの道徳教育や倫理学は、また社会は、どうだろうか。肉体的な去勢をしていることはなくとも、精神的な去勢や、精神的なバックボーンを折ることを、行なったり、強いたりしてはいないだろうか。

ところで、わたしたちの問題は、カントだ。わがカント先生は、義務法則や理性法則を、大いに強調した。八年間ほど、家庭教師もした。また、一生、独身であった（もちろん去勢していたわけではないが）。そのカントは、同じとき・ところの、あの家庭教師ロイファーを、教師として、また人間として、どうみるであろうか。カントにおける、期待される教師像は？　また期待される人間像は？

殿さまの時代からフリードリヒの世紀へ

大土地を所有する、殿さま

カントが生まれた一七二四年、すなわち、一八世紀といえば、すでに西欧では、近代化が展開し、歩を進めていた。イギリスを中心にして、産業上の資本主義が、フランスを中心にして、政治上の市民革命が、成熟しつつあった。産業上・政治上のこの歩みにタイアップする思想が、啓蒙主義であった。だが、ドイツ東北のはずれにあった、当時の東プロイセンは、こういう西欧社会の近代化から立ち遅れた後進ドイツのなかでの、片田舎でさえあったのである。

もともと東プロイセンは、一三世紀のはじめいらい、ドイツ人によって征服され、開拓され、キリスト教化されていった地域である。ケーニヒスベルクは、一二五五年、このような侵入のための基地として建設された一都市であった。この地方へ植民して新しい村づくりをはじめたドイツ農民たちは、本国ではえられなかったほどの、自由とか特権をあたえられた。もちろん、上には、でんと殿さまがかまえていて、年貢をとりたてたし、村には、村のしきたりがあった。しかし、こんにち、エルベ川をこえて東の方へ旅をしても想像できるように、なんとしてもこの地方は、広ばくとした未開地であった。そこで殿さまは、農民を、なるべく自由にしておくほうが、年貢を多くとりたてるのに好都合だと考えた。

ところが殿さまは、農民からたてまつられる貢物《みつぎもの》（主として穀物）を手にするほか、じぶんで、作男《さくおとこ》をつかって、じかに農場経営をやった。この、いわゆる領主直轄《ちょっかつ》農場は、すごく広かったし、また、ますます広くなっていった。そして、貢納物《こうのうぶつ》（貢物としてたてまつられたもの）や、じかに作男につくらせた穀物からの余剰（生活費にあてて、あまったもの）をもって、西欧との貿易をはじめたのである。かくてケーニヒスベルクは、侵略・防禦《ぼうぎょ》の軍事的拠点であり、キリスト教をひろげ、植民し開拓するための文化的・行政的中心であるとともに、西欧への貿易の門戸であったのである。

殿さまと農民　さきにのべたような、自由な農村では、農民もだんだん富んできた。つくった穀物の一部を、年貢として殿さまにおさめ、残りをみずからの生活にあてても、まだありあまった。農民は、その余剰の穀物を、商人に売った。

他方、当時の西欧諸国は、おおいに穀物を必要としたので、貿易商人が村にまではいってきて、農民から穀物を買いあさった。こうして農民は、じぶんの作ったものを商人に売るということに、関心をもつようになった。だんだんと富裕にもなってきて、殿さまとか、村びとをたよりにしなくても、独立してやっていけるめどが、つきはじめた。ケーニヒスベルクをはじめとする都市には、商人や仲介人や外国商人が集まってくるほか、手工業者も生まれてきた。

しかし、こういうふうに、農民や市民が富んで強くなってくるのを、殿さまは、よろこばなかった。農民たちが独立してやっていけるようになり、殿さまのおかげを感じなくなってくると、殿さまの立つせがなくなってくる。立つせがなくなってくると、だいじな年貢にも関係してくる。すなわち農民たちは、年貢は、うけたご恩へのお返しだ、などとは考えなくなってくる。それどころか逆に、なぜこんなに、年貢をおさめなくてはならないのか、といぶかってくる。年貢の量やおさめかたに、文句《もんく》を言いだしてくる。反抗もしてくる。さらには、「そもそも、アダムが耕し、イブが紡《つむ》いでいたころには、お殿さまなんかあったのかい」と言いだしてきた。ときには徒党を組んで、殿さまに反抗した(農民一揆)。だから殿さまは、百姓《ひゃくしょう》どもや町人どもが富んでくるのはろくなことはない、と考えた。ろくなことでないのみか、自分たちの生命《いのち》さえあぶないと、思わないわけにはいかなかった。

そこから、殿さまと、農民や市民たちとのあいだに、競争や、対立や、抗争がおこってきた。殿さまがわは、封建的な身分関係(殿さまと農民・町人という身分関係)やしきたりを保持し、かならず年貢をおさめさせようとする。農民や町人たちのがわは、おのおのが自由に働いてものを生産し、それを自由に売ってカネをもうけようとする。前者はいう。神さまのあたえなすった、この身分関係や秩序をこわしては、神さまにそむくことになる。自分たちは、神さまにかわって、めぐみをたれるものである、と。後者は考える。神さまは、人間のあいだに区別はなさらなかったはずだ。じぶんで働き、じぶんで生きるよう教えなさったはずだ、と。

だが、ここ東プロイセンの地方では、殿さまは強かった。富においても、武力においても、農民がわをりょうがし、圧倒した。ここでは、まだ、農民や町人たちは、自分たちの自由や独立をかちとるほどには、成長してはいなかった。殿さまがわは、支配権を確保した。

しかも、さきのような危険な情勢を身に感じていたおりから、殿さまがわの支配は、ひじょうに強度な、きびしいものとなって、はねかえってきた（封建的反動）。殿さまがわは、いろいろ拘束をもうけて、農民の人身や行動をそくばくした。一週間の半ぶんほども、殿さまの畑でタダで働くこと（賦役《ふえき》地代）を強制した。したがって農民は、一定の生産物を納めれば、あとは勝手というわけにはいかなくなった。他方、殿さまは、作男をつかっての直接の生産を、ますます広め、強めていった。こうして、手もとにはいってくるぼう大な穀物を、西欧へ輸出して、利潤をあげていったのである。こうして、ここ東プロイセン地方には、「グーツヘルシャフト」（殿さまが、作男を使って直接に生産を行なうほか、農民の賦役を強化し、そのための強度の人身支配をなし、もって商売で利潤をあげようとするもの）とよばれる、封建的反動が、生まれてきたのである。

「グーツヘルシャフト」とは、「殿さまの大農場支配」とでもいった意味である。が、その反面は、たいへんな農民の隷従であり、農民に対する圧迫なのである。ある書物は、「ほんらいの奴隷制にも比せられるほどの反動」とものべている。そして、西欧の近代化ないし資本主義が進んで、穀物の需要がたかまればたかまるほど、片すみのこの地では、農民は、圧制に苦しんでいたのである。「膝《ひざ》を七重に折っての平身低頭」こそ、殿さまの強制する「期待される農民像」であったであろう。

一六、七世紀のこの地には、このような反動的なグーツヘルシャフトないし農民隷従が、深まり、進展していった。ケーニヒスベルクは、このような社会体制の門戸であった。門口には、たしかに、近代化していく西欧社会につながるような人びとが、たくさん訪れてきた。しかし、この門の内部ないし背後においては、表門とは異なったタイプの人びとが住み、異なった人間関係が支配していたのである。このことを、見のがしてはならないであろう。レンツの『家庭教師』は、そういう雰囲気を描いているともいえよう。

啓蒙君主フリードリヒ

しかし、こういうありさまは、そのままで持続することは、できなかった。一八世紀にはいると、西欧でおこっている新しい政治的・経済的な動きは、この片すみの地にも、影響をおよぼさないわけにはいかなかった。新しい動きとは、いうまでもなく、新しい市民層が台頭してきて、経済的な力(富)をもち、政治的な権利を主張してきたことである。さきにのべたごとく、大農場を所有していた東プロイセンの殿さまがたも、安穏《あんのん》であることはできなかった。かれらは、近代革命の道をたどるイギリスやフランスの影響から、まぬがれてあることはできなかった。門戸であるケーニヒスベルクには、西欧のニュースがすぐはいってくる。おさえてみたところで、農民や町人は、新しい動きを、身に感じとってくるものである。殿さまがたにとっては、この内外からの不安にたいして、自分を守り、自分の生活を保障してくれるものが必要であった。それは、なんとしても、強固な軍隊をもった国家でなくてはならなかった。殿さまがたの、こういう願いないし要求から生まれてきたのが、プロイセンの国家である。プロイセン

フリードリヒ大王（1712～86）
在位 1740～86

国王は、殿さまがたのなかでの、最大・最強の殿さまであるとともに、支配階級である殿さま連の代表ないし代理であった。そういう国王は、強大な軍隊をバックにした、強大な権力の所有者でなくてはならなかった。いっぱんに、プロイセン絶対王制（もしくは、絶対主義）とよばれているのが、これである。

しかし、この絶対主義的な国家ないし国王は、みずからを強化（富国強兵）し、内を治め外敵を防ぎ、ときには外国を侵略するためには、新しい政策が必要であった。新しい政策とは、手工業をはじめとして、産業の興隆をはかるということであった。そのためには、西欧の進んだ生産様式をとりいれなくてはならなかった。そこで、殿さま連の代表者であるプロイセン国王は、みずからの手、みずからの指導による、いわゆる「上からの近代化」を進めていったのである。

「上からの近代化」のチャンピオンは、なんといってもフリードリヒ大王（一七一二～八六）である。若いころから学芸を愛好したこの王は、西欧の啓蒙主義にあこがれた。音楽や文学や詩をよくし、フランス語にたんのうで、フランスの啓蒙哲学者ヴォルテールやアランベールとも交友した。ヨーロッパ最強といわれる軍隊をつくりあげ、あるいはオーストリア軍を、あるいはフランス軍を、またあるときはロシア軍を撃破して、領土を拡張した。それのみではない。内政にも意をそそいで、産業を振興し、農業を開発し、法典を編さんして、近代化をすすめた。じつに五〇年近くも在位（一七四〇〜八六）して、プロイセンを、欧州列強のうちにはいらせたのであった。まさに、「上からの近代化」をはかるには、まことにすぐれた啓蒙的専制君主であり、模範的な絶対主義的王政であったといえよう。

わがカントは、わけてもこの啓蒙君主を、「世界無二の君主」としてあがめた。「現代はまさに啓蒙の時代、いいかえればフリードリヒの世紀である」とまでたたえて（『啓蒙とは何か』）、啓蒙の理想が、この大王において実現せられているのをみたのである。こういう大王のおかげで、貴族や殿さまたちは、「下からの革命」にさらされずにすんだ、ともいえよう。

表むきは平等 なかみは不平等

フリードリヒ大王は、法典の編さんをはかった。それは、一八世紀の末、「プロイセン法典」として実を結んでいった。

そもそも、西欧市民革命は、すべての人間の自由と平等と安全と私有権の不可侵とを、法によって保障させようとするものであった。台頭してきた新しい市民階級は、こういう法を要求し、そのためにたたかった。西欧近代の歴史は、まさに、そういうたたかいの歴史であったともいえよう。

立ち遅れていたドイツの地にも、市民革命のもようは伝わってきた。産業が振興するにつれ、資本主義といわれる生産様式が、浸透してきた。まだ力が弱いとはいえ、市民階級が台頭してきた。ドイツのあちこちにも、市民的要求が、頭をもちあげてきた。辺隅の地、東プロイセンにも、そういう気配《けはい》が、およんでいった。

このような状況のなかで、絶対主義国家の法は、二つの要求を調和させなくてはならなかった。台頭してきた市民（農民もふくめて）の要求を、あるていどみとめながらも、支配者である王や諸侯や殿さま連の支配的地位を保持し安全にしなくてはならなかった。

そこで、新しく編さんされた法典は、はじめに、「人はほんらい平等である」という、当時の市民革命的な原理をかかげた。

だが、そのあとが問題なのである。法典は、つづく章においては、現実に支配している不平等な諸関係や諸法則を、とりいれるのである。そこでは、現存する地方的な諸法規や諸慣習が、配慮される。法典は、殿さまが賦役や貢物を強制したり、農民を一定の農地にくぎづけにしたりする権利に手をつけないばかりか、それを、神聖なものとささえした。そのほか法典は、貴族・市民・農民の身分的差別とか、村・親方組合などのしきたりとか、親方・職人・徒弟のきびしい区別など、前近代的・封建的諸条項をふくむにいたった。これでは、法は、かえって、殿さまたちのいままでの権利や支配を、公然と保障するようなことになってしまったのである。

形ないしうわべだけは、もりあがる時の流れにそうように見せかけながら、なかみは、旧来の、現存する支配や秩序を、保障し、不動にしたのである。

ただ、法がこのようなものであっても、王が啓蒙された大王（フリードリヒ大王）であれば、騒ぎはおこらないであろう。それどころか、この世界無二の啓蒙君主は、「いくらでも、また何ごとについても、意のままに論議せよ、しかしひたすら服従せよ！」とさえ公言して、はばからなかったのである。

カントは、このような大王によって、世が啓蒙されていくことを望んだのである。あるときカントは、「法は、人民の意志によって決まるものではなく、王の意志がすなわち法である！」ともいったということである。こういうカントの態度は、「みずから考え、みずから探求し、みずからの脚で立て！」と、強調してやまなかったかれの考えと、矛盾するともいえよう。自由の哲学を主張しながら、しかも王――もちろん啓蒙された王ではあったが――には服従せよ、と説くカント！　そこには、西欧市民社会から立ち遅れた、辺隅の地の姿が、うつしだされているとも、いえよう。西欧から吹きよせる近代化や啓蒙の嵐にさらされながらも、まだ、支配者としての王や殿さま連が強く、逆に、市民の自由や人権が弱かったという、立ち遅れの社会の姿が。

住みなれた、ケーニヒスベルク

この世の知識はすべてここで

「一国の中心をなす大都会、そこには、国を統治する諸官庁があり、（諸学問を発展させるための）大学がある。そこは、また、海外貿易の要地をなし、各地との交易に、めぐまれている。すなわち、国の奥地から流れてくる河流によって、奥地と取引をすることができるし、言語や風習を異《こと》にする隣国や遠国とも、通商をすることができる。プレーゲル川にそった、わがケーニヒスベルクは、いわば、こういうふうな町なのである。そこは、人間や世間にかんする知識をわがものとしていくのに、たしかに、ふさわしいところといえよう。そこでは、こういう知識は、旅行してみずとも、えられるのである。」

これは、カントが、『人間学』（『アントロポロギー』）という本の、序言の注において、のべたコトバである。そこには、カントが生涯住みなれた、ケーニヒスベルクの空気が、カントじしんのコトバによって、表現されているといえよう。さきにものべたごとく、カントは、ここで生まれ、ここで育ち、ここで大学生活をおくった。そして、八年余の家庭教師の間をのぞいては、ほとんどこのケーニヒスベルクをはなれることがなかった。かれにとって、ケーニヒスベルクは、いわば、たったひとつのふるさとであり、たったひと

プレーゲル川にそった，こんにちのケーニヒスベルク　（右後方が城）

つの住みなれた場所であったといえよう。カントは、この町に、強い愛情をもった。ケーニヒスベルク大学の教師となったカントは、ほかの、もっとよい大学から、もっとよい条件で招かれても、それを固くことわった。

ほんとに、カントという人の「人と思想」は、このケーニヒスベルクのなかで、ケーニヒスベルクによって、またケーニヒスベルクを介して、生成されたともいえよう。かれは、さきのコトバにもあるように、田舎のことや隣国のことはもちろん、さらに遠い国ぐにのもろもろのこと（風土・地理・人情・言語・風習・歴史・生活など、およそ人間や世間にかんするいろいろな知識）を、すべて、ここケーニヒスベルクで、獲得したのである。世間のいろいろなことを、さながら、みずから見聞したように、ものがたったともいうことである。旅行したわけでもないのに、ロンドンのウェストミンスター橋の形や仕組や長さや幅や高さなどを、手にとるようにのべたということである。また、カントは、じぶんの道徳哲学は、ここで日常に行なわれている道徳を、たんに哲学的に理論づけただけだ、とも公言している。

そこで、わたしたちは、カントの人や思想を知るためには、どうしたって、ケーニヒスベルクという町のありさま（歴史、風習、生活感情、生活意識、道徳、宗教、暮らしかた……など）を、みてみなくてはなるまい。

はぐくまれていった自由

ケーニヒスベルクは、一三世紀のはじめ、この東プロイセンへ侵入してきたドイツ人（ドイツ騎士団）のための一拠点として、一二五五年に建設された町である。侵入は、広ばくとしたこの地方の開拓と、植民と、キリスト教化とをめざすものであった。したがって基地としてのここは、原住民（原住プロイセン人、ポーランド人など）にたいする防禦地であり、騎士たちの居城であり、侵略・宣撫《せんぶ》・教化・開拓・植民・生産・政治・裁判などの中心でもあった。

さいしょに侵入してきたドイツ人（騎士団）は、商業にたいする経験をもっていた。そのため、バルト海にのぞんだケーニヒスベルクは、はやくから、すでに、海外貿易の一基地をなしていたと考えられる。ただ、さいしょは、まだケーニヒスベルクの背景をなす地域は、ひらけてはいなかった。しかし、だいじなことは、さきにのべたごとく、領主（殿さま）や、騎士や、そして農民たちが、商業ないし貿易に、つよい関心をもってきたということである。

何世紀かにわたる、ながい歴史や経過については、ここでは、省略しなくてはならない。が、けっきょく、すでにのべたごとく、一六、七世紀ごろには、グーツヘルシャフトという、反動的な封建体制が、できあがっていった。

グーツヘルといわれる殿さま連は、農民の自由を制限し、かれらからきびしい賦役を要求し、みずから広い農場を経営した。ぼう大な余剰（主として穀物）を西欧へ輸出し、利潤を独占した。

ケーニヒスベルクは、このような海外貿易の中心的基地となっていくのである。そして、そのような貿易港としての重要さは、プレーゲル川にそった背景地が開け、その産物が水路によってこの都に集められるにつれ、ますますその度を増していったと考えられる。

そこには、仲介人や外国商人がたむろした。経営主であり、大商人でもある殿さま連が、集まった。また、商取引や手工業をこととする市民層が形成されていった。ほんらい、開拓地であり植民地でもある東プロイセンの都市には、かなりの自由や権利がみとめられていた。そのうえ、よくいわれるごとく、「都市の空気は、人を自由にした。」そこには、自主・独立の気風もみられた。有名な一五二五年の農民一揆には、靴屋・皮革工・銅細工人などの一般市民が、たちあがって農民を助けた。ケーニヒスベルクは、あのハンザ同盟に所属する一都市であった。北の海をかけめぐって北欧貿易を独占した、勇敢なハンザ商人が、ここに集まったことであろう。商人組合や手工業者組合も、成立していったことであろう。そこには、市の支配層である商人的都市貴族（ますます定住あるいは滞在するにいたった商人的殿さま連）の市政独占に抵抗しようとする空気さえ、みられた。

すでにここは、東プロイセン地方での、政治・経済・宗教・文化・軍事などの中心であった。ここは、グーツヘルシャフト的封建体制のなかでの、反封建的自由のただようところであったであろう。

もりあがらなかった市民意識

しかしこの自由は、市の封建的支配層を打破し、それにとってかわって民主的市政をつくりあげるというふうには、発展しなかった。そもそもかれらの市民意識には、西欧のような強固な団結心が欠けていた。そのため、強力なグーツヘルシャフトが支配を確保してくると、そのもとで町人であることにあまんじるという、バックボーンのない町人意識にとどまってしまった。一八世紀ごろには、つぎのような町人意識が、町を風靡《ふうび》するにいたったのである。貴族とか騎士とか殿さまをあがめ、その人たちの生きかたや暮しかたやマナーを、モデルにするような風潮。親方・職人・徒弟という秩序を固守する考えかた。恩愛・慈悲・忠誠・恭謙・従順といったような、家父長的・騎士的・キリスト教的道徳。誠実・勤勉・正直・公正・奉公といったような、職人気質《かたぎ》。新規をきらい、旧慣をだいじに守りぬこうとする慣習的伝統主義。「騎士・市民・農民」あるいは「貴族・自由民・不自由民」といった身分制そのものに根ざす、身分的なもののみかた、などがこれである。

それは、下からもりあがる力によって市民革命を進めていった、西欧近代の市民意識とは、たいへん異ったものであった。西欧の市民意識は、封建的主従関係を打破しようとした。村やギルドのしきたりから解放されようとした。神の正義の名のもとに、人間の、わけても第三身分（市民・農民・労働者など）の権利や自由や平等を主張してたたかった。したがって、また、働くものの権利、職業の自由、特権の排除などを求めた。わたしたちは、そうした市民意識を、アメリカの「独立宣言」とか、フランス革命の「人権宣言」からうかがうことができよう。

しかし、ケーニヒスベルクの市民には、こういうバックボーンは、まだなかった。かれらには、自然の権利あるいは天賦《てんぷ》の権利としての人権や自由への自覚は、まだ、じゅうぶんに成熟してはいなかった。それゆえここでは、人間としての自由・平等の自覚のもとで、市民と農民とが団結して立ちあがるといったごとき雰囲気は、生まれてはこなかった。

身分として区別された市民

「上からの近代化」をめざした啓蒙君主、フリードリヒ大王は、富裕な市民の育成をはかった。富裕な市民の育成とは、よく税をおさめる市民をつくることであった。

しかし、その市民とは、貴族や農民とはっきり法的に区別された、身分としての市民であった。一八世紀の末に完成公布された「プロイセン法典」を見てみると、市民的身分や、その権利・義務が規定されている。市民的身分は、貴族や農民から区別された世襲的身分で、とくに貴族とは、結婚・政治・裁判・宗教・相続・狩猟などにおいて、差別待遇をうけている。

さらに、市民や都市にかんする諸規定のなかで目だつことは、諸侯や国家の監督面があらわれていることである。都市の権限は、国王によってのみ与えられた。市場を開くこと、市金庫のこと、手工業を行なうこと、商人組合（ギルド）や手工業者組合（ツンフト）のことなどに、諸侯や国家の監督や許可が、大きくいりこんでいるのである。

カントは、革具屋のせがれであった。近親や親戚も、靴屋、織物屋、カツラ屋などの手工業者であった。

手工業組合（ツンフト）の間のトラブルのため、カントの父は苦労したということである。カントは、そういう家庭で育くまれ、そういう環境のなかで生活した。そして、かれの「法律哲学」（『道徳形而上学』の第二部）は、さきの「プロイセン法典」に呼応して、書かれたのであった。とき・ところのなかのカントは、このことにかんしては、とき・ところに順応したのである。すくなくともかれは、この、とき・ところの慣習や法を、西欧的な下からの革命によって打破しようとはしなかった。

「身分としての市民」が解放されるのは、一九世紀になってからである。しかしこの解放も、下からのもりあがりによって獲得されたものではなかった。改革の立役者として有名な首相、シュタインは、都市の自治権や民主的運営を復興することにより、市民の自主心や団結心をたかめ、もって国民の愛国心を養成し高揚しようとしたのである。

つつしみぶかく神につかえよ！

東プロイセンへのドイツ人の侵入は、ひとつには、キリスト教をひろめるため、であった。ケーニヒスベルクは、キリスト教普及の、一拠点でもあったのである。この地が開拓され、ドイツ人が移住してくるにつれ、キリスト教は、浸透していった。

その後、一六世紀になって、プロテスタンチズム（新教）がおこるとともに、東プロイセン地方には、ルター派の一派であるピエチスムスが、ひろがっていった。ピエチスムスは、日本語で「敬虔《けいけん》主義」と訳されているごとく、つつしみぶかく、心から神を信じ、神のコトバにしたがうことを、キリスト者の本分とした。もともとプロテスタンチズム（新教）は、外形的な儀式とか教会を重んじるカトリック（旧教）にたいし、とくに、内面の心からの信仰を強調した。カトリックは、教会的な行事によって神に仕えることとか、神に仕える階級（僧侶）とかを重んじた。したがって、地上の生活（職業生活）は、教会生活より低い生活で、教会生活のための手段にすぎなかった。また、日ごろ世俗生活（職業）にたずさわっている一般の人間は、神に仕える人（神父たち）よりも低い人間であった。これにたいし、プロテスタンチズムの祖であるルターは、内面のただいちずの信仰こそ、キリスト者の本分であるとした。外形よりも内面が大じであるとした。そのかぎり、人に差別はなく、職に上下はないとした。かれは、むしろ、われわれが日常はげんでいる職業のなかに、「聖召」（「神のお召し」、「神からさずけられた使命」）をみたのである。したがって、日々の職業や仕事にはげむことのなかに、キリスト者としての義務ないし本分をみたのである。

ただ、ルターは、心からの神の信仰を説くあまり、現実の世のいろいろな状況を、神からあたえられたものとして、すなおにうけとるよう主張した。あたえられた職業、あたえられた身分、あたえられた命令……それらは、かれによれば、すべて神の摂理《せつり》（神の意志、神のめぐみ）であった。したがって、喜んでそれをうけ、無条件に、それに服従しなくてはならなかった。

つつましやかに神に仕えることを主眼とするピエチスムスでは、こういうルター的な考えかたは、よりいっそう強かったであろう。ここ東プロイセンで現実にあたえられているものは、人間に序列をおく身分制度であり、商人組合とか手工業組合とか村の共同生活とかのしきたりにしたがう生活である。広大な農場をもったお殿さまに仕えねばならない日々であり、そして、偉大な啓蒙君主に統治され、率いられる光栄である。わたしたちは、そこに、誠実・謙虚に、この現実をうけいれ、それに従っていくピエチストの姿を想像することができよう。人間の罪を意識し、それゆえにつつましやかに、あたえられたみずからの職にはげむ、ケーニヒスベルクの住人（官吏、使用人、親方、職人、徒弟など）をえがいてみることができよう。

カントの家庭の宗派は、きわめて信仰の深いピエチスムスであった。さぞかし、実直で謙虚で勤勉な親方の家庭であったであろう。幼少のカントは、とりわけ敬虔《けいけん》なピエチストであった母から、深い影響をうけた。あの誠実で敬虔なカントの徳性は、この家庭によって養われた。そしてそれが、かれの哲学、わけても人の襟《えり》を正さしめるような道徳論の、土台となったのである。

ただ問題は、つぎのことである。ケーニヒスベルクをはじめ、東プロイセンに浸透したピエチスムスは、現実の職業生活に誠実にはげむという気風を生みだした。しかし、かれらの信仰が深ければ深いほど、神の摂理を信じれば信じるほど、かれらの生活態度は、あたえられた現実を改革するという方向へは、向かなかった。むしろ、遅れた現状を、温存させることにもなったのである。このことは、新教のうち、西欧にひろがっていったカルヴァン主義とは、対照的であるといえよう。カルヴァン主義は、おなじく職業への精励のなかに、神のお召しをみた。しかし、現実（とくに職業）を、きびしく合理化し、もって成果（生産の高）をあげることのなかに、神の栄光をみた。そして、そこに、みずからが神にえらばれていることの証《あか》しをみようとした。この、カルヴァン的プロテスタンチストによって、西欧の近代的市民社会ないし資本主義は、形成されていった。

新しいものがおしよせる

しかし、ここケーニヒスベルクは、同時に西欧との貿易港であり、西欧世界への門戸であった。ここからは、穀物・亜麻・木材などが西欧へ向けて輸出され、金属・食料品などが西欧から輸入された。それとともに、新しい西欧の文明や生活様式や学問がはいりこんできた。

国の内外から、いろんな人が集まってきた。もとからの古い町の付近に、新しい町ができた。一七二四年には、それらが合併して、人口四万ほどの都市になった。一八世紀の後半には五万ほどにもなった。

ある人（シュターフェンハーゲン）は、一八世紀のケーニヒスベルクの雰囲気を、こんなふうにさえ描いている。ここは、騎士や商人などいろいろな人が集まる社交の場であった。町には、自由な空気や、開放的・社交的な気楽さ、明るさがただよっていた。身分制とか組合制度が生みだす差別的・封鎖的な雰囲気は、くずれた。ピエチスト的な固苦しい生活態度は、ほぐれた。修道院に閉じこめられたような生活から、婦人は開放された。騎士たちと散歩したり、舞踏会に士官とともにあらわれる婦人さえみうけられるようになった。そして、生活形態のこの変革は、同時にまた、内面の解放でもあった、と。カントも、『人間学』のなかで社交の大じなことにふれているし、かれじしん、多くの人との社交を楽しんだ。

さらに、この地には、西欧の政治的社会的動向の情報や、近代科学がはいってきた。アメリカの独立とかフランス革命といった刺激的なニュースのほか、ドイツ的諸思想（ライプニッツ・ヴォルフなどの哲学）、フランス啓蒙思想（ルソーその他の啓蒙的革命思想）、イギリスの科学や経験論（ニュートン物理学、ヒューム・スミスなどの経験論）などが。わがカントは、わけても、ライプニッツやニュートンから影響をうけ、ヒュームによって独断の夢をさまされ、ルソーによって人間の尊さをさとらされた。また、フランス革命からは強い感銘をうけた。「ここは、いながらにして、いろいろな知識を獲得することができる」という、『人間学』のカントのコトバは、ケーニヒスベルクの町の性格を、よく表現しているであろう。

しかし、こういう状況のなかでは、殿さまや貴族や騎士は、不安にさらされないわけにはいかなかった。フランス革命の情報のごときは、かれらをどんなにか恐れさせた。こうした不安のなかで、現にある支配や秩序や伝統を、どうして保持し、存続させるかが、問題であった。そのためには、啓蒙された専制君主（絶対主義）による「上からの改革」こそは、もっともふさわしい方法であったであろう。

これから問題にしていくカントの思想のなかにも、いたるところに、矛盾したものがみられる。たとえば、カントは、アメリカの独立をたたえ、フランス革命に同情しながらも、「下からの革命」や抵抗権をみとめなかった。ルソーによって、すべての人間の尊厳をさとらされながらも、やはり、貴族や領主（殿さま）にとくべつな敬意をむけ、その生活態度をまねようとした。みずから考え、みずから律し、みずからの脚で立て！　と、自由や自主をあれほどに主張しながらも、君主に服従することを義務とし、王の意志が法であるとした。そういう二面ないし矛盾は、古いものと新しいものとが、あるいは交さくし、あるいは衝突してやまない、ケーニヒスベルクの町そのもののあらわれともいえよう。

Ⅱ

哲学研究にささげられた生涯

つつましい一市民のせがれ

馬具職の息　子　わが哲人イマヌエル＝カントは、一七二四年四月二二日、東プロイセン、ケーニヒスベルクの城外町で生まれた。通りの名が「馬具屋通」(ザットラーガッセ）といわれたことからもわかるように、父、ヨーハン＝ゲオルク＝カント（一六八二〜一七四六）は、馬具職の親方であった。革でもって、馬の鞍《くら》などをつくっていた、貧しい一市民であった。母、レギーナ＝ドロテーア（実家の姓はロイター）（一六九八〜一七三七）は、一八歳のころ、三三歳余の父と結婚して、たくさんの子供（およそ九人ほど）をもうけた。エマヌエル（イマヌエル＝カントは、はじめ、「エマヌエル」という名であった）は、父母の結婚後九年目に、第四子として生まれた。九人あまりの兄弟姉妹があったといっても、死産や若死《わかじに》したものが多く、わりあい長く世にあったのは、イマヌエル（カント）のほか、三人の姉妹と、一人の弟ぐらいのものであった。わがカントよりあとに生きのこり、カントのさいごの病床につきそったのは、末妹のバルバーラだけであった。

さきにもふれたように、一八世紀といえば、すでに西欧においては、産業上の資本主義が、政治上の市民革命が展開していく、まさに近代化の希望にみちた時代であった。しかし、ドイツ東北のはずれの、当時の東プロイセンは、近代化からはるかに立ち遅れた、後進地であった。そこでは、まだ、がっちりと根をおろした前近代的なしきたりとか人間関係が、支配していた。産業革命どころではなかった。ただ、このなかで、ケーニヒスベルクは、この地域における経済上・政治上の中心であり、海外貿易の要地であり、大学や教会をもった文化上・宗教上の中心であった。遅れた世界の中心であるとともに、進んだ世界へ通ずる門戸であった。そういう、いわば古くて新しい町の町はずれで、カントは生まれたのである。

カントは、晩年のある手紙のなかで、祖父が、スコットランドからこのケーニヒスベルクへ移住してきたように書いている。しかしそれは間違いらしく、カントの先祖は、プロイセンのメーメル地方に居住していたらしい。曾祖父は、村酒屋を経営していた百姓であったといわれ、祖父や父は馬具職で、父の代に、このケーニヒスベルクへ移住してきたようである。母かたの伯父は、靴屋で、ゆとりもあった。姉妹たちも、織物屋、カツラ屋などに嫁いでいった。このように、カントの一族は、いわゆる手工業の職人なり親方なりの社会層にぞくする人たちであった（カントの弟は、牧師となるのであるが）。とにかくエマヌエル＝カントは、つつましく貧しい馬具屋のせがれとして、この世に生をうけたのである。この馬具屋のせがれから、いったい、だれが、のちほどの世界的大哲人を、想像しえたであろうか。

敬虔な家庭

東プロイセン地方には、ピエチスムス（敬虔《けいけん》主義）といわれる、キリスト教新教（プロテスタンチズム）の一派が、つとに浸透していた。そもそも新教（プロテスタンチズム）というのは、旧教（カトリック）が、外形的な形式（教会での儀式とか、教会への寄進《きしん》など）を重視するのに反対し、心からの信仰を主張した、キリスト教であった。新教徒は、心からのいちずの信仰こそ、真のキリスト教であるとした。ルターやカルヴァンなどによってとなえられたキリスト教改革の運動（いわゆる「宗教改革」）が、この新教のおこりである。このうち、北ドイツやプロイセンなどにひろがっていったのは、ルター派であった。しかし、そのルター派もまた形式化していった。それにあきたらず、わけても、内面の敬虔な信仰（つつしみぶかく、神に仕えること）を尊しとするのが、このピエチスムス（敬虔主義）である。

そして、カントの家庭は、このピエチスムスのねっしんな信者であった。幼少のカントは、信仰深い両親から、とくに母から、強い影響をうけたのであった。

カントは、晩年（一七九七年）、ある手紙の草稿に、こう書いた。

「わたしの家系について誇りうることは、（職人階級の出ではありますが、）正直であり道徳的に正しいという点において模範的であった両親が、わたしに財産こそ（しかしまた借金をも）残しませんでしたが、一つの教育を与えてくれたことです。この教育は、道徳的方面からみて、これ以上のものはありえないほどすぐれたものでした。わたしはこれを思いだすごとに、つねに深い感恩の情を禁じえません。」

（篠田英雄訳『カント書簡集』より）

またカントは、弟子のボロヴスキーに、いくたびか、こう語ったということである。

「けっして、ただの一度だって、ぼくは両親から、なにか失礼なことを聞かされる必要はなかったし、品位をおとすようなことを、両親からみせられたことがなかった。」

あるときのことである。父のなかまである革具屋と馬具屋とのあいだに、トラブルがおこった。そのため、父はずいぶんと苦労した。両親は、そのことについて、家庭で話しあった。しかし、そのさい、たったひとことも、人をののしったり、軽べつしたりするようなことはなく、いつも、相手にたいする愛と寛容とをもって、話しあった。このことは、まだ子供であったカントを、いたく感動させ、生涯、かれから消えさらぬ思い出となった。

また、カントが、母にたいして、どんなに敬慕の念をいだいていたかを、弟子のヤハマンは、こうつたえている。

「カント先生は、しばしば、わたしにこういったものです。『わたしの母は、愛情に富んだ、感情のゆたかな、敬虔で正直な婦人であった。また、子供らを、敬虔な教えと道徳的な示範とによって、神をうやまうように導いた、やさしい母親だった。母は、わたしを、時おり郊外に連れだして、神の作品にわたしの注意を向けさせ、敬虔な歓《よろこ》びをもって神の全能と知恵と仁慈とについて語り、万物の創造主にたいする深い畏《い》敬を、わたしの心にきざみつけた。わたしは、母をけっして忘れないであろう。母は、わたしの内に、善のさいしょの芽を植えつけてそれを育《はぐ》くみ、わたしの心を開いて、自然の印象をうけいれることができるようにしてくれたからだ。母は、わたしの理解力を目ざめさせ、また拡げてくれた。そうして母の教えは、わたしの生涯のうえに、たえず有益な影響をあたえてきているのだ。』

この偉人が母について語るたびごとに、その胸は感激におののき、その眼はかがやき、そしてその一語一語は、子としての心からの敬慕の念のあらわれでありました。」（木場深定訳参照）

わたしたちは、ここに、正直で、勤勉で、敬虔な一市民の家庭を、えがいてみることができよう。正直、勤勉、敬虔な信仰、それこそは、ピエチスムスの教えの根本であった。あの、誠実で、敬虔で、学に精励してやまなかったカントの徳性は、この家庭での雰囲気によって養なわれたのであろう。そして、この徳性こそは、かれの生涯の生活態度であったばかりでなく、かれの哲学を生みだす根源的な力ともなったのである。あとで、おいおいと明らかになるであろうが、かれの哲学、わけても優位をしめ、中心をなす道徳哲学は、この徳性、この信仰を哲学的にしっかりと基礎づけて、不動のものにしたのであった。父母、わけても母の日ごろの教えを、哲学的に明らかにしたのであった、ともいえよう。母は、大哲人の肉体の根源であった。カントの顔立ちや内曲がりの胸など、体のつくりまで母そっくりであった。しかし同時に、また母は、大哲人の偉大なる精神ないし思想の根源であった。

与えられた学問へのいとぐち

「マヌエルちゃん」（幼少時代の愛称）の幼少時代のことは、そうはっきりはわかっていない。カントじしんも、じぶんの幼少時代のことは、あまり語ろうとはしなかった。読み・書きのさいしょの手ほどきを、城外町養育院の学校でうけた。

しかし、母がおとずれる教会の牧師シュルツは、マヌエル坊やの非凡の才をみぬいていたようである。シュルッは、ピエチスムスの牧師であるとともに、ヴォルフ学徒として、すぐれた学者でもあった。ヴォルフは、当時もてはやされていたドイツの哲学者である。同じくドイツの大哲学者であったライプニッツとならべて、ライプニッツ・ヴォルフ哲学と、うたわれていた。

マヌエル坊やは、このシュルツの援助で、のちシュルツが校長になることになる、コレギウム＝フリデリキアヌムに入学することになる。八歳のときである。シュルツは、かねがね、カントの両親の信心深いのに、好意をよせていた。コレギウム＝フリデリキアヌムは、こんにち流にいえば、フリードリヒ＝ギムナジウムともいうべきものであろう。こんにち、ドイツのギムナジウムは、小学校四年をおえ、ほぼ一〇歳で入学し、九年間、教育をうけることになっている。日本では「高等中学校」とか「高等学校」とか訳されている。学者、研究者になるためのコースで、語学教育（三外国語が必須）などなかなかきびしく、途中でどんどん落ちて、ぬけていく。けっきょくギムナジウムの最終試験（「アビツーア」といわれている）に合格するものは、入学者の二割ぐらい。ただ、アビツーアに合格したものは、同時に大学入学資格をもっている。

だから、カントが、このコレギウムに入れてもらえたということは、学問に一生をささげる出発が、はじまったともいえるのである。

コレギウム＝フリデリキアヌム

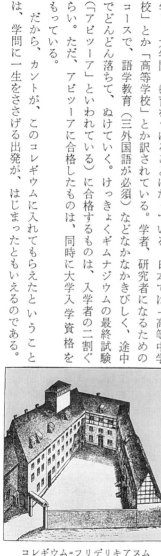

当時の学問的風潮からしても、また、このコレギウムが宗教的雰囲気の強い学校であることからしても、カントは、この学校で、ラテン語のきびしい教育をうけたと考えられる。カントは、すぐれた友人たち（ルンケンとかクンデとかいった）と、古典作品の輪読会をやり、学者としての将来の夢を語りあった。「ぼくたちが将来、著作家になったら、ぼくたちの学問的著作の標題に、自分の名をなんと書こうか、……ぼくたちは、いつかクンデウス、ルンケニウス、カンティウスと名のろうぜ」などと。「カンティウス」は、いうまでもなく、「カント」のラテン語名である。もちろん、カントは、じっさいには、このラテン名を使わなかった。のちほど、すぐれた古典学者となり、オランダのライデン大学教授であったルンケンだけは、約束を守って、「ルンケニウス」というペンネームで、一生をおし通した。

とにかくカントは、コレギウムでは、ラテン語や古典文学に熱中した。（そのためであろうか、カントは、生涯、ローマの古典文学や詩に愛着《あいちゃく》をもち、老後になっても、ホラティウスなど、ラテン詩人の章句をすらすらと吟誦《ぎんしょう》した。）これほどのカントが、とにかく古典研究ではなく、哲学を専攻するようになった。カントが、他日哲学を専攻するようになろうとは、コレギウムでは、だれも予想しなかったし、また予想することもできなかった。だから、カントが哲学に走ったことは、すぐれた友人ルンケンを、大いに悲しませたということである。

わが道を行く、大学教師

身は貧しいが 心は富んでいく　コレギウム＝フリデリキアヌムで八年間の勉強をしたカントは、一六歳（一七四〇年）で、ケーニヒスベルク大学に入学する。かなしいことには、カントにとって忘れることのできない母は、すでに三年前に世を去っていた。まだ、四〇歳そこそこの年輩であったのに。

もちろん、学資は不十分である。靴屋をしていて、わりあい裕福な伯父のリヒターが、いくぶんの補助をしてくれた。しかし、カントじしんも、学資の工面《くめん》をしなくてはならなかった。といっても、こんにちのように、よいアルバイトがあるわけではない。カントは、ひとつには、頭のよくない連中のために講義などの復習をしてやって、小遣いをかせいだ。また、玉突やトランプで勝って、収入をえたともいうことである。いまの日本では、こういう賭《か》けごとは禁じられているが、西欧では、そんなにやかましくはない。二世紀もの昔では、収入源でさえあったのである。まずは、カントのよい頭が、学資をつくったというわけである。それでも、カントの服がひどくいたんだため、友人たちが、ズボンや上衣をもちよって、カントを助けたともいうことである。

大学で、まずカントをひきつけたのは、マルチン＝クヌッツェンであった。クヌッツェンは、やはり、ヴ

ケーニヒスベルク大学

ォルフ学徒の俊英で、いくたの著書によって、有名であった。とくに、かれは、ピエチスムスとヴォルフ哲学とを結合しようとした。また、ニュートンの物理学にもくわしかった。カントは、クヌッツェン教授の哲学と数学の講義には、欠かさず出席した。はじめてニュートン学説を教えられたのも、この人からである。また、カントは、テスケ教授の物理学をきいた。さらに、恩人であり、恩師であり、母校コレギウムの校長先生であったシュルツの、教義学の講義を欠かさずきいた。しかし、カントにとっては、他のどの教授よりも尊敬さるべき人は、クヌッツェンであった。クヌッツェンは、カントをはじめ、多くの学生たちに、将来、いつか独創的な思想家となるための道をしめしてくれたのであった。しかし、運命はこの人に幸いせず、かれは、一七五一年、多くの人に尊敬され、愛され、惜しまれつつ、若くしてこの世を去るのである。

カントは、一七四六年(二二歳)、やく五年間の大学生活をおえて卒業する。これまた残念なことには、この年の春、父は六四歳でなくなってしまった。

カントが、五年間にどんなによく勉強したかは、卒業論文であり、処女作でもある『活力の真の測定についての考察』によって、証明されているであろう。これは、ライプニッツ・ヴォルフなど、当時もてはやされていたそうそうたる学者たちの、力の測定法を批判して、カントじしんの道を歩もうとしたものである。かれは、傲慢《ごうまん》だという非難にも屈しなかった。ささたる学徒だって、あれこれの部分では、大家をもこえることができるのだという自覚にみちて、かれは、この著の序文に書いた。「わたしは、すでに、わたしがたどろうとしている道をえがいた。わたしは、その道を行くであろう。そして、いかなるものも、わたしのこの行進をさまたげてはならない」と。ひとは、そこに、意気壮にして、批判的精神にもえた青年学徒のおもかげを、うかがうことができよう。

尊敬された家庭教師

しかし、卒業したカントを待っていたものは、めぐまれた、そして平らかな研究生活ではなかった。かれは、生活の資を得るために、去りがたいケーニヒスベルクをあとに、家庭教師として田舎におもむくのである。大学出たての、若い貧しいインテリが、よくたどったコースを、わがカントもまた、味わわなくてはならなかった。

どこで家庭教師をしたかは、はっきりわからない。が、弟子のヤハマンとかボロヴスキーの語るところを総合してみると、だいたい、牧師とか貴族の家庭など、三か所ばかりを、つぎつぎに転勤していったようである。まずはじめに、ケーニヒスベルクの郊外（リタウエンのユーツヘン）の牧師、アンデルシュ家に。ついで、モールンゲン近くのアルンスドルフの騎士領主、フォン＝ヒュレゼン家へ（「フォン」というのは貴族であることを示す称号である）。さいごに、ティルジットの近くの、ラウテンブルクのカイザーリンク伯家へ。カイザーリンク伯といっても、カイザーリンク伯の分家であったようである。この分家の頑是《がんぜ》ない二人

若き日(30歳だい)のカント
（カイザーリンク伯夫人作）

の幼児を、のちほどの大哲人が教えたのである。この「カイザーリンク伯家の家庭教師」説については、疑問がもたれている。ただ、のちほどカントは、名門で、大領主で、外交官で、社交界の中心であったカイザーリンク伯と親しくなり、いつも招かれた二十数名の常連の一人ともなるのである。ことに、才色兼備の夫人とも親しくなり、夫人が描いた、若き日のカント像は、有名である。そのことは、また、のちほどのことにしよう。

牧師とか貴族とかのもとでの家庭教師！　ときくだけでも、ひとは、さきほどのレンツやブレヒトの『家《ホー》庭教師《フマイスター》』劇を、連想するであろう。自由を尊び、批判的精神にとみ、わが道を行こうとするカントは、だいじょうぶだったのかしら？　奴隷的取りあつかいにがまんできたのだろうか？　異性への青春的情熱はどうだったのだろうか？　恋愛で失敗することはなかったのだろうか？　だが、心配は、無用であったらしい。カントがえらかったのか、それともカントをやとった家庭がよかったのか、カントは、家庭教師として、どこでも尊敬をうけたようである。もちろんカントは、「世に、自分ほどわるい家庭教師はいなかったであろう」と、弟子たちに告白するのだったが……。うまく子供の相手をし、子供にバツをあわせることは、若い哲人には、困難のことであったようである。ところで恋にかんしては、幸か不幸か、恋に熱中するような娘さんが、牧師家や貴族家には、いなかったようである。

およそ八年ほどの家庭教師をおえて、ケーニヒスベルクへ帰ってきたのは、一七五四年ないし五五年ごろ（三〇歳ないし三一歳ごろ）であったと考えられる。三〇歳といえば、マルクスが、エンゲルスとともに、すでに『共産党宣言』をつくりあげた年齢である。マルクスは、三〇歳にして、すでに、みずからの学問体系の基礎をつくりあげていた。が、わがカントは、これからである。フランスの国境に近いトリーアで、一八一八年に生をうけたマルクスは早熟であり、ソ連に近い東北の片すみで生をうけたカントは、マルクスに比し、晩熟であったかもしれぬ。だが、ことは、生涯にどれだけのことをするか、ということだから、早い遅いを気にすることはあるまい。

八年間の田舎生活は、長かったともいえる。そして、この八年間は、カントが、ケーニヒスベルク以外で定住した、たったひとつのものであった（時おり、ケーニヒスベルクの郊外へ出かけたり、近くへ旅をしたりしたことはあったが）。しかしこの八年間は、カントにとって無駄ではなかったであろう。かれは、静かな田園生活のなかで、やがて咲きでる春のための準備をすることができた。また、上流社会の生活にふれ、世情や人情に通じ、人間知をひろめることができたであろう。カントは、『人間学』のなかで、上流の教養ある社会と交わることが、人間知・世間知をひろめるのに大じな方法であることを、論じている。

大学講師、カント先生はまごつく

ケーニヒスベルクに帰ってきたカントは、まず、自然哲学者として出発する。そして、矢つぎ早に、力作を発表して、ひとびとを驚かした。それは、ライプニッツ、ヴォルフ、あるいはニュートンに導かれた方向の研究であり、ときの哲学界の風潮にそったものであった。すでに、卒論『活力の真の測定についての考察』を出版していたカントは、ついで、重要な著作『天体の一般的な自然史と理論』を発表する（一七五五年、三一歳）。これは、ニュートンの原理にもとづいて、天体の生成にかんし、星雲説をうちだしたものである。

『火について』という論文（一七五五年）を、大学に提出して、マギスターの学位（修士号）を獲得した。学位授与式には、めずらしく、この地の名士や学者がおしよせた。カントは、学位をうけたのち、哲学についてのラテン語の講演を行なった。全聴衆は、とりわけ静かにこの講演に耳をかたむけ、尊敬の情をもってこの新しいマギスターを歓迎したということである。

ついで、『形而上学《けいじじょうがく》的認識の第一原理の新解釈』という論文によって、母校ケーニヒスベルク大学の私講師となった。私講師というのは、日本式にいえば、非常勤講師のようなもので、しかも、収入は、聴講者の聴講料によるのであった。だから、聴講者の多い少ないが、収入に関係してくるのである。

さて、わがカント先生の講義ぶりは、どんなようすであったろうか？　弟子のボロヴスキーにきいてみよう。

「わたしは、一七五五年、カント先生のさいしょの講義をききました。先生は、当時、新市街にあるキプケ教授の家に下宿していましたので、ここの広い講義室を使用しました。講義室は、ほとんど信じられないほどの多くの学生で埋まり、玄関や階段までぎっしりとつまっていました。このことが、カント先生を、ひどく困惑させたようでした。こういうことに不慣れな先生は、ほとんど狼狽《ろうばい》せんばかりで、ふだんよりもいっそう低い声で話し、ときおり自分で言い直しをしました。しかし、こういう態度は、先生にたいするわれわれの驚嘆の念を、かえってますますつのらせるだけでした。わたしたちは、なんといったって、先生のきわめて広い学殖を確信してしまったのです。だから、このばあい、先生がひじょうに謙遜に見えただけで、臆《おく》しているなどとは思われなかったのです。」

また、きちょうめんなカント先生は、風がわりな学生の身なりなどが目にはいると、どうもうまく講義ができなかった。長く垂れた乱れ髪とか、むきだしの襟くびとか、はだけた胸倉《むなぐら》などをみると、カント先生は落ちつかなかった。あるとき、前に坐っていた一学生の上衣のボタンがとれていたため、それが気になって、カント先生は、すっかり講義をみだしてしまったということである。

人をひきつけた壇上の師

「つぎの講義になると、すでに様子はまったく変わっていました」と、ボロヴスキーは、だんだん堂にはいっていくカント先生の講義ぶりを、こう語るのである。

「先生の講義は、その後もそうであったのですが、たんに深遠であるばかりでなく、またざっくばらんで愉快なものでした。いわば講義の手がかりとして教科書を使用しはしましたが、けっして、忠実にそれにしたがうようなことは、しませんでした。ただ、その本の題目にしたがって、講義を進めていくだけでした。博識のため、よく脱線しましたが、しかし、その脱線たるや、いつも興味しんしんたるものでした。あんまり脱線しすぎているのに気がつくと、すばやく、『かようかようなんだが、さて』とか、『しかじかなんだが、ところで』などと言って話をうちきり、本論にもどるのでした。」

ヘルダー（1744〜1803）

一八世紀から一九世紀にかけての、ドイツの有名な思想家・文学者で、ゲーテの友でもあったヘルダーは、東プロイセンに生まれ、ケーニヒスベルクの大学に学んだ。かれは、そこで、一七六二年から六四年にかけて、カントの講義をきいた。当時カントは、まだ、私講師で、四〇歳そこそこの大学教師であった。のちにカント批判哲学の批判者ともなるヘルダーは、恩師カントのおもかげを、感謝と尊敬の念をもって、美《うる》わしくも、こう、追憶するのである。

「わたしは、青春時代、さる一人の哲学者を知り、その授業をうけることができたことを思いだし、感謝にみちた喜びにひたるのである。その哲学者こそは、わたしにとって、人道主義の真の先生であった。当時、全盛時代にあったかれは、青春のような快活さをもっていた。この快活さは、かれが、すべてこれ白髪という老人にたっしても、なお、きっと、残っているであろう。かれの広い、思索のためにつくられた額《ひたい》が、明朗の座であった。思想にみちあふれ、このうえなく愉快な話が、かれのあいそのよい唇から流れでた。ユーモアと機智と即妙とは、かれの意のままになった。しかもそれが時機にかなってとびだし、みんなが笑うと、とたんに、かれはまじめな顔つきになった。かれの、教室での講義は、たのしい社交のようであった……。

わたしは、ライプニッツ、ニュートン、ヴォルフ、クルジウス、バウムガルテン、エルヴェシウス、ヒューム、ルソーなどにかんする、かれの評価を、承った。この人たちのうち、あるものは、当時の、新進の著作家であったのである。わたしは、かれが、この人たちを利用しているのに気づくこともあった。しかし、かれのなかにあったものは、ただもう、真理をもとめてやまない至高の熱意であり、重要な発見をして人類の幸福に役立てようとする、いたって美《うる》わしい情熱であった。いっさいの偉大なるものを、なんの羨望《せんぼう》もなく、すすんで見習おうとする努力いがいのなにものでもなかった。かれは、悪だくみというものを知らなかった。党派心とか派閥根性のごときは、かれにはまったく縁遠いものであった。青年の人気をえることはもちろん、門弟に名をかすことさえ、かれのもとめる栄光ではなかった。

かれの哲学は、みずから思索することを、目ざめさせた。またわたしは、かれの講義ほどに優れていて、活気のあるものを、ほとんど考えることができない。かれの思想は、まさにいま、かれのなかから萌えでてくるようにみえた。ひとは、かれといっしょに、思索を進めていかなくてはならなかった。かれは、いばって言うことを筆記さすとか、上から教え授けるとか、教養をふりまわすとかいったことを、ぜんぜん知らなかった。自然史と自然学、人間の歴史と民族の歴史、数学と経験、それらが、かれの気にいりの源泉であり、そこからかれは、人間についての知識をくみだしてきた。そこからくみだすものによって、かれは、講義のいっさいに、活気をあたえたのであった……。この人の名、それは、イマヌエル＝カントというのであった。このようなかれの姿は、いまもわたしの前に立っている。」

みずから哲学することを、学べ！

論理学・形而上学《けいじじょうがく》・物理学・数学……それがカント講師が開いた講義であった。これだけを講義しなくてはならないとなると、さしずめ、こんにちの日本の大学教師などは、お手あげであろう。が、カントは、さらに、自然法学、倫理学、自然神学を講じ、のちには、自然地理学や人間学の講義もするようになった。そのうえ、貴族のために、私講義を行なったりもした。なにぶん私講師であり、収入が聴講料による以上、そういうむりを、しいられたのであろう。それでもはじめのころは、蔵書をつぎつぎに処分して、タケノコ生活をよぎなくされた。自分の生活だけでなく、弟妹たちのめんどうもみなくてはならなかった。まったく苦しい時代であった。講義は、だいたい午前中に行なわれたが、アルバイトの私講義などを合すると、毎週、最低、十数時間から、多いときには三十数時間にもおよんだということである。さすがのカントも、ある友人にあてた手紙（一七五九年一〇月二八日、リンドネル宛）のなかで、こうなげいている。

「ところでわたしはといえば、わたしは毎日教壇にあがってカナトコに向かい、同じような講義の重いハソマーを、単調な調子でふるいつづけています。ときおり、どこかに、もっと高尚なことをしたいという気持ちがあらわれ、多少ともこの狭くるしい範囲から脱けだすよう刺激するのです。しかしそうなると、困窮が、すごい叫びでいまにもわたしにおそいかかろうとするのです。しかもそのおどかしには、いつも真実があるものですから、わたしは、しゅんじゅんする間もなく、また重い労働へつれもどされるのです。」
それでもカント先生は、きわめて誠実、几帳面《きちょうめん》で、休講するようなことはなかった。弟子のヤハマンによれば、かれが聴講した九年間に、カント先生は一時間も休んだことがなかった。ボロヴスキーも、同じように、誠実なカント先生の姿をつたえている。カント先生は、著述のためとか、保養ないし休養とかで、ただの一度だって講義をなまけたことはなかった、と。

そしてだいじなことは、カントが、学生にむかって、たえずくりかえしたつぎのコトバである。

「諸君は、わたしから哲学を学ぶのではなくて、哲学することを学ぶでしょう。思想を、たんに口まねするために学ぶのでなくて、考えることを学ぶでしょう。」

みずから考え、みずから哲学し、みずからの脚《あし》で立て！　とカントは教えたのである。さきのヘルダーの追憶にもあったごとく、カントは、権威ぶって自分の主張をふりまわしたり、教義のごとく教えこもうとしたりすることを、極度にきらった。したがってまた、弟子や学生たちが、師の説を暗記したり、それに盲従したり、それを模倣したりすることのないよう、いましめた。カントは、みずから考えることをおしえ、弟子は、みずから思索することを、自覚させられた。これは、哲学するものにとって、また、いっぱんに人間として、なんとしても大じのことといえよう。

義務はなさるべく地位はふさわしく

一七五一年（カント二七歳）に、カントが尊敬した恩師、クヌッツェンが、惜しまれつつなくなった。カントは、このポスト（クヌッツェンは、論理学および形而上学の員外教授、日本式にいえば助教授であった）のあとを志望した。しかし、当局は、このポストを廃止する意向であったため、後任をとらなかった。

一七五八年（カント三四歳）には、論理学・形而上学の正教授（日本でいう教授）キプケがなくなった。カントの恩人であり恩師であり、またカントの才能をだれよりもよく知っているシュルツは、なんとかこの後任に、カントをつかせようとした。しかし、それもだめだった。後任には、同じく私講師であったブックが任命された。カントは就職のために、上役にこびたり、人をおしのけて運動したりするようなことは、好かなかった。他人をおしのけるような就職運動は、すべきことではないと考えていた。かれは、甘んじて私講師の地位にとどまり、ひたすら大学教師としての義務である講義と研究に専心した。この精神こそ、こんにちも変わらぬ、いやこんにちこそ改めて反省されねばならぬ、大学教師の使命ないし本分といえよう。

一七六二年、詩学の教授ボックがなくなって、空席となった。当局は一七六四年（カント四〇歳）、こんどこそこのポストをカントに与えようとした。カントじしんも、詩は、学生時代から好きであったはずである。にもかかわらず、カントは、就任を辞退した。詩学の教授は、じぶんには適任でない、というのである。いかにもカントらしいといえよう。というのは、カントにとっては、じぶんがうける資格がないような幸福、地位ないし名誉にあずかることは、間違いであった。かれの道徳説――のちほど明らかにするが――は、「幸福の追求」を道徳の原理とすべきではなく、「幸福にあずかるにふさわしくあること」をこそ、第一義とすべきである、というにあった。かれによれば、富・地位・名誉などといったこの世の幸福は、追求すべきものではなく、なすべき義務をはたした結果として、目に見えぬ神意によって、ふさわしくあたえられ、めぐまれるものであった。それゆえ、ふさわしくない幸福や地位にいることは、神意をけがすものでさえあったのである。

一七六六年（カント四二歳）、なすべき義務をなしたカント講師に、王室図書館の副司書の地位があたえられた。カントは、これをうけた。この地位は、いわばこんにちの常勤にあたるものであったから、カントは、はじめて、わずかながらも、定収入を得ることができた。

一七七〇年（カント四六歳）、数学教授ランゲハンゼンが死去し、席があいた。この席は、いままで論理学・形而上学を担当していたブック教授にあたえられた。その結果、ついにカントがブックの後任として、論理学・形而上学の教授（正教授）に任命されることとなった。就職論文は、『感性界および叡智《えいち》界の形式と原理とについて』というのであった。大学教師のある地位につくばあい、いつでもそのための論文が求められるのも、有益で面白い制度といえよう。それにしても、一五年間の私講師は、カントほどの学者としては、思えば長い期間であった。が、とにかく、かれは、論理学・形而上学の正教授になれた。そして、生涯、この講座の教授としてすごすのである。

正教授になると、まもなく図書館副司書の職は、やめてしまった。この職が単調で、わずらわしかったからである。かれは、大学の評議員になり、順番でまわってくる学部長の職務にも、たずさわらなくてはならなかった。一七八六年（カント六二歳）の夏学期と一七八八年（六四歳）の夏学期の二回、学長にも就任した。（ドイツの大学は、一年が夏・冬の二学期制で、しかも、各学期が、独立して、まとまった単元となっている。したがって、学長の任期は、一学期間であった。伝統を重んじるドイツでは、いまもこのようになっているようである。）

一七八七年（六三歳）には、つとにカントの学殖をみとめていたベルリン王立科学学士院によって、その会員に推せんされた。

もちろん、晩年には、名誉教授におされている。名誉教授というのも、日本とはちがって、面白い制度である。名誉教授は、正教授としてのわずらわしい義務からは解放され、自己の意志によって、講義をする権利がある。カントは、一七九六年（七二歳）、老衰でできなくなるまで、教壇に立って講義をした。

この町の誇り

大学教師としてのカントは、生涯を、このケーニヒスベルクの町の、この大学にささげた。

カントほどの哲学者であれば、他の大学からの招きがないはずはない。すでに、私講師時代から正教授時代にかけ、エルランゲン、イェーナ、ハレなどの大学から招へいされた。不遇な私講師の身分であってみれば、ふつうの人なら、喜んでこの有利な招きをうけたことであろう。ことに、ハレのばあいは、有名な啓蒙君主フリードリヒ大王や大臣から、枢密顧問官の資格をもあたえるというほどの条件で、説得された。それでもカントは、うけなかった。かれは、この町、この郷土を愛した。この町この郷土の人たち（とくに上流階級）との交わりを、楽しんだ。どこにいても、学者としての研究はできるし、国や民族のためにつくしうると考えた。ことに、ここケーニヒスベルクは、「旅行せずとも、いながらにして人間知・世間知を拡めるにふさわしい」、一種の世界市民的都市であった。また、カントが愛したロシアにも近かった。ロシアは、この地を占領したさいにも、文化を重んじるよき政策をとったのであった。カントは、熱情をもって、この地を愛し、この地に愛着をもったのである。

こんにち、ドイツの大学でみられる、ほほえましい風習がある。ある教授が、他からの有利な招きをことわったばあい、学生や市民たちが、その教授宅までチョウチン行列をして、感謝と祝福の意をあらわすのである。ただ、教授は、やってきてくれたこの行列の人たちに、ビールかヴァインをおごらなくてはならない、ともいうことである。わたしも、西独にいたとき、こういう光景にせっして、カントを思いだしたものであった。もちろん、カント先生のばあい、こういう行列があったかどうかは、わからない。そういう風習があったとしても、おそらくカント先生は、こういう行事を、好まなかったであろう。むしろカントは、「三人以上の、そして九人以下の集まり」で、親しく、たのしく話しあうのを望んだであろう。

が、とにかくカントは、すべての同僚、すべての学生、またすべての市民から、尊敬され、愛され、親しまれた。この大学、この町、この国の誇りとされた。

まさにカントはケーニヒスベルクのものであり、ケーニヒスベルクはカントの町であった。

思想遍歴《へんれき》のスケッチ

まずは自然哲学者として

いままで、主として、大哲人の外的な経歴を追ってきたわたしは、つぎに、内面の発展史というべきものを、スケッチしよう。大学を卒業したカントは、自然探求者ないし自然哲学者として出発する。まず、五〇年代までの、かれの論文をあげてみよう。

一七四六年　二二歳　『活力の真の測定についての考察』（卒論、処女作）
一七五四年　三〇歳　『地球は、地軸のまわりに回転することによって、いくらかの変化を受けたかどうか、という問題の考察』『物理的に考えて、地球は老朽するかどうか、という問題』
一七五五年　三一歳　『天体の一般的な自然史と理論』『火について』（マギスターの学位論文）『形而上学的認識の第一原理の新解釈』（私講師就職論文）
一七五六年　三二歳　『地震について』『物理的単子論』『風の新論』
一七五七年　三三歳　『自然地理学の概要　付、この地方の西風は大洋を越えてくるがゆえに湿潤なるかどうか、の問題についてのかんたんな意見』
一七五八年　三四歳　『運動および静止の新説』

こう並べてみると、それらは、すべて、天体や自然にかんする論文である。そして、それらは、師のクヌッツェンらを通して教えられた、ライプニッツ・ヴォルフやニュートンなどの合理論の立場にたつものであった。もちろんそこには、すでに、先輩なにするものぞという、批判的精神があふれていた。卒論の序文のなかで、カントは、宣言する。ニュートンやライプニッツでさえ、真理のための妨げとなるようなばあいは、そっちょくに無視してさしつかえない。みずからの知性いがいのいかなる説得にもしたがってはならない。じぶんはじぶんの道を行くであろう。そしてそれを、なにものも妨げることはできない、と。

ライプニッツ（1646～1716）

たとえば、このころの代表作ともいうべき『天体の一般的な自然史と理論』をみてみよう。この論文の副題目は、「ニュートンの原則にしたがって論じられた、全宇宙の構造および機械的起源についての試論」というのである。すなわち、ニュートン的自然観にもとづいて、宇宙の構造を統一的にとらえ、星雲説といわれる宇宙発生論をうちだしたのであった。世に、「カント・ラプラス説」といわれるものである。ラプラスは、このころのフランスの有名な数学者・天文学者で、同じく「星雲説」によって、太陽系の生成を考察したのであった。このカント・ラプラス説は、こんにちでも　天文学ないし自然史のうえで、大きな意味をもっている。

しかしカントは、あくまで、自然科学的に宇宙をとらえながらも、秩序と調和をもった宇宙の背後に、どうしても、創造者の意志ないし目的を認めないわけにはいかなかった。こういう形で、いままでのライプニッ・ヴォルフ的な形而上学(神や神の創造を問題にする学)と、ニュートン的機械的自然観とを調和させた。

だが、はたして両者は調和できるであろうか。機械的・物理的な自然観と、神や神の創造を考える考えかた(これは信仰にもとづいている)とは、まったく別種のものである。小さい時からうえつけられた敬虔な信仰、したがって神や神の創造は、カントにとって疑うことのできぬものであった。しかし神は、自然物のように実在しているわけではない。だとするなら、神はどこに、どのように実在しているのであろうか。いままでの哲学(神や霊魂の不死や世界の創造など物理的自然の世界をこえた問題をとりあつかってきた形而上学)は、こういう点を、じゅうぶん批判し検討することはなかった。心で信仰し、それを頭で考えて、神とか神の創造をうんぬんしていた。それは、いってみれば、ひとりよがり(独断)の勝手な論ともいうべきではなかろうか。

ニュートン(1642〜1727)

そしてカントじしんも、そういう問題への批判の芽をしめしながらも、まだ、古い哲学の独断のなかに、おちいっていた。一方、自然科学的な、かずかずのすぐれたひらめきや成果を示しながら、他方、神や神の創造をそれに結びつけて、なんの疑いもいだかなかった。合理的でありながらも、独断的であったといえよう。

そして、カントによれば、人間もまた、こういう自然のなかにあった（人間を特別なものとしてとらえる芽が、みられながらも）。

カントは、外、星のかがやく空をあおぎみて、宇宙の構造や始源を考え、想像し、推論した。そして、この機械的・物理的な法則によって支配される全宇宙の奥に、創造者をみた。人間もまた、創造者によって創造された自然のなかの実在にほかならなかった。だが、人間は、はたして、たんにそれだけであろうか。

方法への疑惑と人間への関心

イギリスの経験論者、ヒューム（一七一一～七六）は、カントの独断の夢をさました。感覚的な印象とか経験を重視するヒュームは、こんなことを言った。われわれの感覚的な印象によって、ものの観念ができあがる。あれこれの観念の連想によって、高級の観念とか知識ができあがる。だから、われわれが、科学（経験的科学）の基礎においている因果の関係というようなものも、けっきょくは、習慣にすぎない。Aという現象に引きつづいてBという現象が起こるのをなん回も経験すると、われわれは習慣的に、Aの観念とBの観念とを結びつけ、そこにあたかも不変の因果関係があるように思いこんでしまうのである、と。したがって、この見地からすれば、当時、すばらしい発達をしめしてきた自然科学も、学としてなりたつかどうかは疑わしくなってくる。まして、感覚的に経験することのできない神や神の創造を問題にする形而上学のごときは、学としてなりたつことはできない。このことは、カントには、ショックであった。カントは、ひとりよがりのまどろみを、うち破られた。といっても、かれは、自然科学を疑うことはできなかったし、また、信仰をすてることはできなかった。とするなら、問題は、いままでの哲学のやりかたが、間違っていたのではなかろうか。カントは、いままでの学や哲学のやりかたを疑い、それを反省しないわけにはいかなかった。疑惑と反省は、新しい方法の模索へつながっていく。

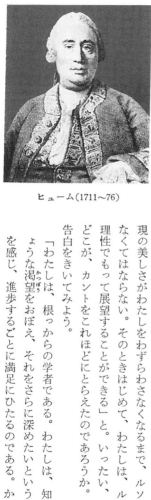

いまひとつ。カントは、フランスの啓蒙主義者ルソー（一七一二〜七八）によって、いまひとつの大きな啓蒙をうけた。とくに、ルソーの『エミール』が世にでたときには、それに読みふけって、規則正しい散歩を、二、三日、ないがしろにするほどであった。ある覚書で、こうもらしている。「わたしは、ルソーの表現の美しさがわたしをわずらわさなくなるまで、ルソーを読まなくてはならない。そのときはじめて、わたしは、ルソーを、理性でもって展望することができる」と。いったい、ルソーのどこが、カントをこれほどにとらえたのであろうか。カントの告白をきいてみよう。

ヒューム(1711〜76)

「わたしは、根っからの学者である。わたしは、知識にひじょうな渇望《かつぼう》をおぼえ、それをさらに深めたいといういらだちを感じ、進歩するごとに満足にひたるのである。かつてわた

ルソー（1712〜78）

しは、これだけが、人間たるものの誇りとなりうるのだ、と信じていた。そして、無知の民衆を軽蔑《けいべつ》していた。しかしルソーが、わたしの誤りを正してくれた。

目のくらんだ優越感は消えうせ、わたしは、人間を尊敬することを学んだ。もしわたしが、つぎのことを信じないなら、わたしは、ふつうの労働者よりも、はるかに恥ずべき人間であることを、知らねばならないであろう。すなわち、人間を尊敬するというこの考えかたこそ、すべての他の人に一つの価値をあたえることができ、その価値からこそ、人間らしい諸権利は由来するのだ、ということを。」

こうしてカントの関心は、いまや、人間の問題へむけられていくのである。自然のなかにありながら、しかも自然物とは異なり、尊敬をうけるような値うちをもった人間の問題へ。

問題は、はっきりしたが…………

とりあえず、このような方法の模索と、人間への関心とのあらわれを、あげてみよう。

一七五九年　三五歳　『楽天主義についての考察』

一七六二年　三八歳　『三段論法の四つの格の誤った詭弁』
一七六三年　三九歳　『神の存在を証明するための、ただひとつの可能な論拠』『負量の概念を哲学に導入する試み』
一七六四年　四〇歳　『脳病について』『美と崇高との感情の考察』『自然神学と道徳との原理の判明性にかんする考察』
（六二年にベルリン学士院におくったこの懸賞論文が、第二位で当選し、この年に公刊される）
一七六六年　四二歳　『形而上学の夢によって説明された、視霊者の夢』
一七六八年　四四歳　『空間における場所区分の第一理由について』
一七七〇年　四六歳　『感性界および叡智界の形式と原理とについて』（正教授就職論文）

みるだけでも、ぞっとするような、むずかしい論文名である。

しかし、そこにうかがわれるものは、一つには、わたしたちがいろいろな知識を獲得する（認識する）さいの、方法の問題である。神や道徳を問題にするばあいの方法はどうなのかとか、美や崇高とはどういう感情なのかとか、自然を正しく科学的にとらえる（認識する）ばあいの形式や原理はなんであるのか、などの問題である。つまり、いろいろなものをはあくし認識するための人間の諸能力（感性・悟性・理性など）を検討しよう、というのである。ことにさいごの就職論文は、ま正面から、人間の諸能力を批判している。つまり、人間のいろいろな能力は、どういう役目をもっているのか、そして、どういうことをしてはならないのか、などを批判しようとしている。

そして、いま一つは、人間の問題である。さきのルソーについての告白からもうかがわれるごとく、ものをたくさん知ったとて、それが人間の価値を決めるのではない。むしろ逆に、もの知りは、人間を恥ずべき人間にすることとさえある。だとするなら、人間とはなんであるのか。人間の目的、人間の本質はなんであるのか。

そして、さらに、物についての知識（自然学）と、神についての学（形而上学）と、人間についての知恵とは、どういう関係にあるのだろうか。

人間能力の検討の問題、新しい形而上学の問題、人間の価値や善の問題……問題はわかったが……さて？　いまカントは、ここに立って、思案にくれているのである。

新しい哲学の構想

すでにカントは、一七六八年五月九日の手紙（ヘルダーあて）でこう書いている。

「わたしの焦点は、主として、人間の能力ならびに素質のほんらいの使命と、それらの限界とを知るのに向けられています。そのけっか、道徳にかんすることがらでは、かなりの成果をあげえたと信じています。それで、いま、『道徳の形而上学』なるものを書いています。そのなかで、わたしは、明白でかつ効果の多い原則を示すことができると、はばかりながら考えているのです。また、方法をも提示できるとうぬぼれています……。わたしは、もしわたしの不定の健康が障害とならなければ、この著作を、ことしのうちに仕上げたいと思っています。」

さらに、一七七〇年九月二日、ラムベルトにあてて。

「この冬こそ、どんな経験的原理をもふくんでいない純粋道徳哲学と、いわば道徳の形而上学とにかんする研究を、整理・完成いたしたいと考えています……。この仕事をおえましたら、かねてのお許しにあまえて、形而上学におけるわたしの試みを、進みぐあいにしたがってお目にかけたいと存じております。そのさいは、まだじゅうぶん明確ではないとあなたがご判断なさるような命題は、誓って、ひとつだって使用いたしません。」

一七七一年六月七日、ヘルツにあてて。

「わたしは、いま、一つの著を、いくぶんくわしく書きあげるのに、追われています。この書は、『感性と理性との限界』という標題のもとで、感覚界を支配している根本概念と法則との関係を論じようとするものであり、あわせてまた、趣味論・形而上学・道徳論の本質を構想しようとするものです。」

一七七二年二月二一日、おなじく、ヘルツにあてた手紙には、『感性と理性との限界』という名で書かれようとしている著のプランが、つぎのように紹介されている。

第一編　理論的部分
- Ⅰ　現象論一般
- Ⅱ　形而上学――もっぱらその本質と方法とによる

第二編　実践的部分
- Ⅰ　感情・趣味・感性的欲望の一般的原理
- Ⅱ　道徳の第一原理

そして、そこで、人間の知性（悟性）の能力がかんたんに批判・検討され、これこそいままでの形而上学にかくされていたあらゆる秘密をとくべき鍵であると、主張されている。それは、のちほどの大著『純粋理性批判』の内容を思わせるであろう。

カントは、また、このヘルツ宛の手紙のなかで、『感性と理性との限界』が、三か月以内に出版されるであろうと、予告している。しかもこの著は、さきほどらいの手紙から明らかなごとく、カントに投げかけられた諸問題（認識能力の批判、新しい形而上学の建設、人間の道徳や趣味の原理の探求、など）を総合・統一した形で、いっきに解明しようとしている。

苦闘一〇年余

だが、三か月どころか、一年たっても二年たっても、問題の本は世にでなかった。

一七七四年二月八日、カント哲学の読者であり、カントのファンでもあるラファーテル（チューリヒの助祭）は、たまりかねて、書いた。

「ほんの二、三行でもいいから、どうかおっしゃってください。あなたは、もう、死んで世の中からお消えになったのですか。なぜあんなに多くの、書く能力もない人が、書くのでしょうか。――そして、すばらしい筆力をおもちのあなたが、なぜお書きにならないのでしょうか。なぜ、あなたは、沈黙していらっしゃるのですか。――この時代に、この新しい時代に――コトン！とも音をたてないで。ねむっていらっしゃるのですか。カントさん――いや、わたしはあなたに媚《こ》びようとするのではありません――しかし、どうかおっしゃってください。なぜだまっていらっしゃるか、を。いや、むしろこうおっしゃってください。

ぼくは語ろうとしているのだ、と。」

正教授になったカントは、いい気になって怠けていたのであろうか。そんなことは、カントには考えられない。もちろんかれは、雑務にわずらわされ、また健康がすぐれないで困っていることを、しばしば友人や知人にあてて書いている。それで期待の著作がまとまらないのだろうか。

他方、外の世界では、歴史の大きな変遷が、つぎつぎにおこっていた。七年戦争（一七五六～六三）は、すでにおわっていた。が、わがフリードリヒ大王は、強力な軍隊をひきいて、外国と戦っていた。アメリカでは、独立戦争がおこり、独立軍が勝利をえた。ラインの向こうのフランスでは、無気味な革命のけはいがひしひしと感じられ、その空気がドイツにもつたわってきた。海をへだてたイギリスでは、蒸気機関などの発明によって、産業上の革命がどんどん進んでいた。カントは、そういう歴史の大きな変動のなかで、うろたえていたのであろうか。

一七七六年一一月二四日、カントからヘルツへ。

「じっさい、わたしは、いまやっている仕事の領域で、多少の功績をたてようとする希望を、すてたわけではありません。わたしは、あらゆる方面から、なにも仕事をしないではないかという、いろいろの非難をうけています。また、はた目には、長いあいだ無為にすごしているように、見えたのでしょう。だが、じつをいえば、あなたとお別れしてからこの数年間ほど、体系的に、また継続的に仕事をしたことは、かつてなかったことでした。それを仕上げさえすれば、いちおうのかっさいを博しうるような材料は、手もとに山積しています……。だが、これらの材料は、あたかもひとつのダムのように立ちはだかる、ある重要問題のために、せきとめられているのです。………」

カントは、苦闘していたのだ。ここでも健康のことにふれてはいるが、とにかく、新しい革命的な哲学の創造のために、生みの苦しみをつづけていたのである。（ここの「立ちはだかった主要問題」は、『純粋理性批判』のなかの、「純粋理性の弁証的推理について」であるといわれている。）夜明けの光明を求めて、いばらの暗い道を、さぐり歩いていたのである。

一七八一年、ついに出た！『純粋理性批判』という大著が。思えば、じつに、一〇年余の悪戦苦闘であり、いばらの多い、ながい思索の道であった。カントは、すでに五七歳にたっしていた。しかもこの著は、はじめ「感性と理性との限界」という名でもくろまれた総合的・統一的なものの全体をふくむのではなく、その一部をなすものであった。総合的な全体は、このあと、ぞくぞくとあらわれてくる大著の全体によって、つくりあげられていくのである。

百花らんまん！

つづく一〇年間は、カント哲学のもっともみのり多い、いわば、百花らんまんの年月であった。『純粋理性批判』からはじまる名作を追ってみよう。

一七八一年　五七歳　『純粋理性批判』
一七八三年　五九歳　『プロレゴメナ』（『形而上学序説』）

一七八四年　六〇歳　『一般歴史考』『啓蒙とは何ぞや』
一七八五年　六一歳　『道徳形而上学原論』
一七八六年　六二歳　『人間歴史の臆測的始源』『自然科学の形而上学的原理』
一七八七年　六三歳　『純粋理性批判』第二版
一七八八年　六四歳　『実践理性批判』
一七九〇年　六六歳　『判断力批判』

ずらりと並んだ、この名著の表は、まさにわれわれを驚嘆させずにはおかないであろう。

カントは、まず、人間の理論的な思考能力を批判・検討した。思考能力が、ひとり天空をかけって、あれこれ考えるだけでは、なんら内容のない空虚である。考えるだけで、自然をつくりだすことができるなどと考えるのは、人間の独りよがりであり、うぬぼれであり、傲慢《ごうまん》である。人間の思考は、外からあたえられた感覚的なものに関係しなくてはならない。感覚的にあたえられたものをわれわれが考え、思考的操作によってまとめあげ、秩序づけていくところに、われわれのいう経験とか、自然の世界とか、その認識（科学的なはあく）が、なりたっていくのである。逆に、われわれに感覚的にあたえられるものは、もしこのような、人間のがわの思考能力や操作によってまとめられ、統一されるのでなければ、たんに盲目的なものであり、こんとんとして形のない無秩序のものである。内容（感覚的所与）のない形式（思考能力）は空虚であり、形式のない内容は盲目である。内容と形式との統一によって、われわれのいう自然の世界とか、認識とか、科学的理論とかはなりたつのである。そういう面から人間をみるならば、人間もまた、広大無辺な大宇宙のなかで、わずかの生命を許されたはかない一生物・一物体であるにすぎない。そこでは、神もなければ、自由もない。

しかし、道徳の命令にしたがって生きようとする人間は、もはや、はかない、自然のなかの一生物ではない。わが内なる良心の声、わがうちなる道徳法則の命令をきき、それにしたがおうとする態度は、人間の生物的本能のままになり、あるいはそういう欲望を満足させようとする態度と、根本的に異なっている。前者の生きかた――つまり道徳的に善き生きかたをしようとする態度こそ、人間の人間たるゆえんである。感歎と崇敬の念をもって、わが内なる道徳の命令を仰ぎみ、それにしたがおうとするところに、人間たるもの(人格)の価値があり、われわれの真の自由がある。こういう純にして敬虔な道徳的態度を通して、人はまた、神や永遠を確信することができるのである。

カントの哲学は、こういうおごそかな道徳論へと昇華《しょうか》され、高められ、統一されるのである。「それを思うことが、たび重なれば重なるほど、また長ければ長いほど、ますます新たな、かつますます強い感歎と崇敬の念とをもって、心をみたすものが二つある。それは、わが上なる星空と、わが内なる道徳法則とである」という、『実践理性批判』のさいごの章のコトバこそは、まさにカント哲学の極致といえよう。わたしたちは、ここで、敬虔な内心の信仰を尊しとする、ピエチスムスの家庭に育くまれたカントを、思いだすであろう。

わがカントの静かでおだやかな生涯のなかで、ただの一回ともいうべき事件がおきた。

権力との衝突

カントが、世にもまれな啓蒙君主としてあがめたフリードリヒ大王は、一七八六年なくなった。ときはちょうど、フランス革命の無気味な前夜にあたるころである。その空気は、ライン川をこえてドイツにもひしひしとつたわってきた。大王のあとを、大王の甥《おい》のフリードリヒ＝ヴィルヘルム二世がついだ。また、教育・宗教の大臣には、カントの支持者であったツェドリッツにかわって、ヴェルナーがついた。

ツェドリッツは、かねがねカントに好意と尊敬とをよせていた。ハレ大学の教授になることを、好条件でもってカントにすすめたのも、かれであった。（当時、カントの年俸が二三六ターレルであった。ツェドリッツは、六〇〇ターレルで、さらに八〇〇ターレルに引きあげて、ハレ行きをカントにすすめた。しかしカントは辞退して、ケーニヒスベルクにとどまった。）『純粋理性批判』は、「……閣下がわたしにおよせくださいました辱《かたじ》けないご信頼にたいし、心からの感謝の意をあらわすものでございます……」というコトバをもって、ツェドリッツ国務大臣にささげられている。

ところが、大王のあとをついだフリードリヒ＝ヴィルヘルム二世は、保守的な、きわめて平凡な君主で、フランス革命に反感をいだき、啓蒙主義をきらった。この王の信頼をうけたヴェルナー国務大臣は、保守的・形式的で、いんけんな僧であり、検閲制度を強化した。わがカントはといえば、かれは、心からの自由な信仰をこそ第一義とし、敬虔で純な道徳こそ福音書の根本原理であるとみなすのであった。したがって、

ツェドリッツ（1731〜93）

カントによれば、神におもねったり、強要されて心にもない信仰告白をするようなことは、罪であった。啓蒙主義で自由をとく、いまをときめく大思想家カントと、ベルリンの反動的なプロイセン政府との間には、なにかことがおこりそうな予感がもたれた。

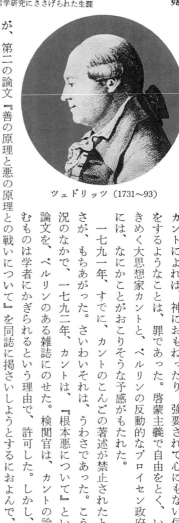

一七九一年、すでに、カントのこんごの著述が禁止されたとのうわさが、もちあがった。さいわいそれは、うわさであった。こういう状況のなかで、一七九二年、カントは、『根本悪について』という宗教論文を、ベルリンのある雑誌にのせた。検閲官は、カントの論文を読むものは学者にかぎられるという理由で、許可した。しかし、カントが、第二の論文『善の原理と悪の原理との戦いについて』を同誌に掲さいしようとするにおよんで、検閲官は、ついにこれを禁止した。そこで、カントは、この二論文にさらに二編を追加して、ケーニヒスベルク大学に判定を求めた。許可があたえられたので、『たんなる理性の限界内の宗教』という書名で、一七九三年、イェーナから出版した。これは売れて版を重ねた。

もはやことは、おさまるはずがない。一七九四年、勅令（それにはヴェルナーの副書がついていた）をもって、カントは、こんご宗教にかんして講義したり著作したりすることを禁止された。カントは、当時のある覚書のなかで、こう書いている。「自己の内面の確信を取りけしたり否認したりすることは、恥ずべきことである。しかし、こんにちのようなばあいに沈黙を守ることは、臣下としての義務である。われわれが語ることはすべて真理でなければならない。しかし、それだからといって、すべての真理を公にしてしまうことは、義務とはいえない」と。カントは、臣として、この勅令にしたがった。はがゆくも思われるが、このとき・ところでは、やむをえぬことであろう。カントにしてみれば、じぶんこそほんとうに、正しいキリスト教（道徳的・理性的なキリスト教）を説き、真にキリスト教を守ろうとする者であるのだが。

老いても屈せぬ思索

カントは、すでに七〇歳の高齢に達していた。それにもかかわらず、哲学者としてのかれの仕事は、なおもつづけられていった。批判哲学を確立したカントの関心は、さらに、宗教、政治、歴史、道徳などへ向けられていった。

一七九三年　六九歳　『たんなる理性の限界内の宗教』
一七九五年　七一歳　『永久平和のために』
一七九七年　七三歳　『道徳形而上学』
一七九八年　七四歳　『学部の争い』『人間学』（アントロポロギー）

『永久平和のために』は、永久平和のための原理や方法を論じたもので、第一次世界大戦後の「国際連盟」や、こんにちの「国際連合」の基礎をなすような理論である。『道徳形而上学』は、道徳論と法律論との二部からなっている。なお右の諸著のほかに、イェッシェによって編さんされた『論理学』（一八〇〇年）、リンク編『自然地理学』（一八〇二年）、おなじくリンク編『教育学』（一八〇三年）などがある。

かれは、さいごに、衰えていく肉体にむちうって、『自然科学の形而上学的始源から物理学への過渡』というのをめざしたけれども、それは、もはや不可能であった。

わたしは、ここで、とくに、カントみずからの手になった最後の著作『人間学《アントロポロギー》』にふれておきたいと思う。「人間学」は、正規の講義として、「自然地理学」とともに、二十数年間も続けられた講義であった。カントは、ケーニヒスベルクという町が、人間知・世間知をひろめるのに、まことにふさわしい場所であると、『人間学』の序文の注に書いている。まさにこの、人間知・世間知、つまり人情や世間《せけん》の姿をえがくのが、人間学のねらいであった。とくにカントは、あれこれの失敗をしでかす人間の姿を、面白くおかしく学生に話してきかせた。人間が、このように、失敗や誤りをくりかえすものであるがゆえに、真実の人間の姿が、あるべき正しい相として、われわれによびかけられてくるのである。カントは、人間の弱点・失敗を観察し描写しつづけることによって、ほんとうの正しい姿を、うきぼりにしようとしたのである。カントの哲学は、批判哲学であるとともに、人間の哲学であったといえよう。

老衰とのたたかい

タンタロス的な苦悩　しかし、カントもまた人間であった。よる年波《としなみ》に抗することはできなかった。すでに一七八九年、まだ、『実践理性批判』とか『判断力批判』という力作を出していたころ、ラインホルト（イェーナの哲学教授）にあてて、こうこぼしている。

「年をとると、困ったものです。心身の力を保持しようとすると、どうしたって、だんだんと、機械的に仕事をしないわけにはいかなくなります。この数年間で気づいたのですが、書物を味読するにも、あるいはみずから著作するにも、いずれにせよ夜の時間をけっしてまとまりのある研究にあてないことが、わたしには必要なのです。そして、読書するにせよ思索するにせよ、とにかく自分を楽しませるものをあれこれときまぐれに求めるだけで、もっぱら夜の休息が不十分にならないようにするのが、大じなのです。これに反し、朝は早く起きて、午前中いっぱい仕事をいたしますが、しかしその一部は、講義にとられてしまいます。それに六六歳にもなりますと、ちみつな研究は、ますますわずらわしくなるものです。だから、幸いにもだれかほかの人が引きついでくれるなら、こんな研究からはなれて、ゆっくり休息したいと思うようになるものです。」

カントは、手紙のなかで、しばしば筆不精をわびているが、それも年をとっていっそうひどくなったようである。一七九六年六月（七二歳）、老衰のため講義をやめなくてはならなかった。

一七九八年九月二一日（七四歳）、ガルヴェ（通俗哲学者）にあてて、さいごの学問的な情熱を吐露《とろ》しつつも、それをさまたげる老衰を、いたましくうったえている。

1798年（74歳）ごろのカント

「あなたが、肉体的な苦痛にありながらも、それを意としない精神力をもって、世の福祉のために、たえず朗らかに努力していらっしゃるという悲壮なお便りに接し、感激のいたりです。――しかし、わたしも同じような努力をいたしておりますものの、わたしに下された運命は、もしあなたがわたしの身になってお考えくださるなら、はるかに痛ましいとお感じになるのではないかと存じます。と申しますのは、わたしは体の調子はかなりよいのですが、精神的な仕事をするとなると、不具も同然なのです。すなわち、哲学の全体（目的ならびに手段にかんして）にかかわる問題で総決算をすべき期が迫っているのですが、いまだに完成をみない状態なのです。そのくせ、自分ではこの任務にたえうると思っているのですから、いってみれば、絶望的ではないタンタロスの苦痛のようなものです。――わたしがいまかかわっている課題は、『自然科学の形而上学的始源から物理学への過渡』にかんするものです。この問題は、どうしても解決しなくてはなりません。でないと、批判哲学の体系に一つの裂け目ができることになりましょう。体系の完成を目ざす理性の要求は、止むものではありません。また、このための能力の意識も、同じく止むものではありません。だが、この要求の実現は、たとえ生命力がまったく麻痺《まひ》していなかろうと、それにたえずくいこんでくる障害によって引きのばされ、もうまったくやりきれない気持ちになるのです。」

ああ、なおも体系の完成をめざしてやまぬ、偉大なカント！　わたしは、ただただ畏敬の念をもって、あおぎみるのである。だが、老衰のためその要求を実現することができないで、タンタロス（罰のため、地獄で永遠に飢えと渇《かわ》きに苦しむギリシアの神）的な苦悩にあえいでいる。かわいそうなカント！　この最後の著作のためにカントがささげた努力は、かれの残されたエネルギーを、いっそうすみやかに消耗させせないではおかなかった。ああ、天は、いましばらくの力を、カントにかすことができないのだろうか。カントのために、また人類の思想のために。

短かい二月をまちかねて

しかし、カントのすばらしい記憶力も急に衰えをみせ、机上に備忘録がおかれねばならないほどとなった。

一八〇二年四月二八日、牧師のシェーンにあてて（この手紙は、すでに署名だけが、カントの筆である）。「わたしの体力は、日に日に衰え、わたしの筋肉はしぼんでいきます。これまで病気らしい病気をしたことがなく、いまも病気のおそれはないのですが、この二年らい、外にでたことがありません。しかし、さしせまっているいかなる変化にも、勇気をもって立ちむかうつもりです。親戚たちにたいするわたしの好意は、死にいたるまで変わらないでしょうし、死後もまた同様でしょう。」

ここ一〇年らい、恩師のそばにあって老カントの世話をし、老哲人をなぐさめてきたのは、弟子の牧師ヴァジアンスキーであった。かれは、いま七八歳のカントに運動をすすめ、春のある日、ひさびさに外へつれだした。しかし脚が衰えていたため、もう無理だった。庭の勝手もまるっきりわからないほどで、むしょうに、家のなかの自分の場をこいしがった。この地方のだれでもが待ちわびる春のおとずれを、喜ぶというのでもなかった。なぐさめといえば、春とともに、窓べでさえずる小鳥の声ぐらいのものであったろうか。

かれは、一八〇三年四月二二日の誕生日を待ちわびた。しかしみんながお祝に集まってくると、もうカントには、わずらわしくさわがしいものでしかなかった。これが最後の誕生日になることになるのだが。カントは、つねにないような仕方で、ヴァジアンスキーに、感謝のコトバをのべたということである。「一八〇三年四月二四日」の日付として、かれは手帳にこう書いた。「聖書にいわく、われらが年をふる日は七〇《ななそ》歳《じ》にすぎず、あるいは壮《すこや》かにして八〇《やそ》歳《じ》にいたらん、されどその誇るところはただ勤労とかなしみとのみ」と。

秋になって、衰弱はいっそう加わった。よくころんで、危うく一命を失うほどのこともあった。それでもかれは、勇気をもって、この運命をたえしのんだ。やがて、いまはもうたった一人の妹（末の妹）であるカタリーナ＝バルバーラ――といってもかの女もすでに七二歳――が招かれ、妹らしい情愛で、兄のそばにつきそった。カントを崇拝し、カントを尊敬する人たちが、つぎつぎに訪れた。しかし、もう、カントは、だれにも会いたがらなかったし、衰えた姿を見られたくなかった。弟子中の弟子ともいうべきヤハマンがおとずれたさい、カントは、それが誰かを思いだすことができなかった。ヤハマンは、いまはあわれなこの師にさいごの抱ようをし、悲痛な思いで、涙ながらに別れたのであった。カントの偉大な精神は、ときに勇士のごとくふるいたつこともあったが、肉体の衰えが、それをくじいてしまった。

ある日、食べすぎて、たおれ、意識不明におちいった。が、幸いにもまもなく回復することができた。病気らしい病気をしたのは、これが、一生ではじめてであった。しかし、一八〇三年の暮れには、眼もほとんどみえなくなった。かれは、かろうじて総委任状にサインをし、あとを、すべてヴァジアンスキーにまかした。

あけて、一八〇四年の二月にはいった。二月は、かつて昨年の夏、カントが、「美わしの二月は、日数も少なければ、苦しみも少なかろう」と書きしるした月であった。しかし二月になると、カントはもう、ほとんどなにも食べなくなった。わずかに植物的生命が保たれているというありさまであった。

これでよい！

二月三日ごろのことである、医者が診察にやってきた。この主治医は、カントの同僚で、いまケーニヒスベルクの学長をしている医学部教授のエルスナーであった。あの、ほとんど立つこともできないほどのカントは、椅子から立ちあがって手をさしのべた。とりとめのないコトバで、

カント哲学を象徴するかのような，このドームのもとで，カントは永眠している。

しかし熱意をこめて、多忙の、しかも要職にあるこの人の診察を感謝した。医者がおかけくださいと言っても、カントはすわろうとしなかった。医者が椅子にすわるのをみて、カントはやっと腰をおろした。カントは、力のかぎりを集中して、人間にたいする尊敬の情をあらわそうとしたのであった。学長である医師は、ほとんど涙を流さんばかりに感動した。場にいた人たちは、みんな、この気高く立派な人間カントに、感嘆の声をもらしたのであった。

五日、六日、カントはますます衰弱した。なにも食べず、口をきくこともなかった。九日、失神状態におちいり、死相があらわれてきた。一一日のことである。カントは、血の気のないひからびた唇を、つきそうヴァジアンスキーにさしむけて、長年の好意にたいする感謝と別れの接吻《せっぷん》をしようとした。カントが、他の友人に接吻をあたえるというようなことは、かつてなかった。

あたえられたスープも、ごろごろと音をたてて下りていった。臨終をしめす、あらゆる徴候があらわれはじめた。

夜中の一時ごろ、水をわったぶどう酒を口にあてた。カントは、かすかに、しかしわかるように、「これでよい！」ということができた。それが、かれの最後のコトバであった。いまやカントは、さし迫った大づめの幕を、勇気をもって迎える仕度をしていた。一二日の一一時ごろ、大哲人の精神を八〇年にわたって支えてきた、肉体という機械は、ついに最後の運転を停止した。ヴァジアンスキー、妹、甥《おい》、下男、友人などに見まもられながら。

思えば、カントが「短かくてよい月」といった二月は、まったく一二日でおわってしまった。かつてカントは、「年をとったということは、一つの大きな罪です。しかしそれゆえにこそ、ようしゃなく、死をもって罰せられるのです」と、医師のフーフェラントにあてて書いた（一七九八年二月六日）。なすべきこと（かれにあっては、学問に生きること）はなさねばならず、それゆえに、なすことができるのだ、ということを確信していたカント！　そのカントは、肉体の衰えのため、タンタロス的苦悩にあえぐことを、一つの大きな罪と考えたのである。老人になって学問のできぬことを、みずからの責任と考えたのである。なんというきびしい自責の念であろうか。「これでよい！」、それは、「もうたくさん！」と、肉体的生命を支える飲食（ぶどう酒）に別れをつげた、さいごのコトバであったであろう。だが、そこに、なすべきことのために能力のかぎりをつくし、あとを神の裁定にまかせ

大哲人カントの記念堂（墓地）

ようとしている人間カントの、崇高な姿の象徴が、みられないであろうか。「されどその誇るところは、ただ勤労とかなしみとのみ」とかつて書きしるした、敬虔なカントのうえに、冥福があれかし！

カントの死がつたわると、人は、かつて偉大な精神を包んでいた亡骸《なきがら》をみるためにおしよせた。いまは、みるかげもないほどにやつれはてたこの亡骸に、敬意と別れをあらわし、そのことを思い出と語りぐさにし、そして誇りとするために。

カントの記念牌

「それを思うことが，たび重なれば重なるほど，また長ければ長いほど，ますます新たな，かつますます強い感歎と崇敬の念とをもって，心をみたすものが二つある。わが上なる星空と，わが内なる道徳法則とである。」

カントらしく、ささやかな埋葬をねがったカントの意に反し、葬儀は盛大に行なわれた。ケーニヒスベルクの市民が、かつてみたことのないほどの、敬意と荘厳とにみちた盛儀であった。全市のすべての鐘のなりひびくなかで、市民は、尊敬と愛惜の念をもって、カントに別れをつげたのであった。

亡骸《なきがら》は、大学墓地に埋められた。諸先輩のあいだにまじって。墓地はしばしば場所を変えたが、かれの記念牌《はい》には『実践理性批判』の結論にある、さきほどの有名なコトバ、「それを思うことが、たび重なれば重なるほど、………」が、刻まれているという。思えば、カントの記念牌として、これほどふさわしいものはなかろう。この記念牌ほどに、カントの人がら、かれの信念、かれの思想をよく言いあらわしているコトバは、ないといえよう。カントは、星のかがやく空を仰ぎみ、広大無辺で限りなく持続していく宇宙のなかでの人間の姿をおもうて、感慨《かんがい》にふけったのであった。そこでは人間は、つかのまの生命《いのち》をあたえられた、はかない動物的被造者にすぎないであろう。しかし、他方、内からよびかけてくる道徳の声のなかに、カントは、人間としての尊さをみたのである。かれはそこに、動物とは異なった人間の姿、すなわち、外なる感覚的世界の法則によって左右されないで、自由に道徳法則によってみずからを規定していく人間の崇高な姿を、みたのである。

人間カントのおもかげ

ふつうカントといえば、ひとは、時計のような規則正しい日常生活を送った、かたくるしい、世間ばなれのした人がらを想起するであろう。一生独身で、深遠な批判哲学を思索しつづけた、近よりがたい哲人を連想するであろう。だが、カントの他の一面を見逃してはならないであろう。

人間を知れ！

さきほどもふれたごとく、カントは、むずかしい批判哲学とならんで、正規の講義として「人間学」を、二十数年間もつづけた。人間学は、人間や世のなかのさまざまな現象、とくに人間の欠点や失敗などを観察し、「人間とはなんであるか」をはあくすることであった。人間の正しい認識、人間のなすべき行為も、こういういろいろの欠陥をもった人間を知ることによってはじめて、じゅうぶんはあくされうるともいえよう。カントのむずかしい哲学は、「シャカにたいする説法」（シャカのごとくすぐれていて、説く必要もない人に説く、むだな説教）ではない。もちろん「猫にたいする小判」（猫に小判は無価値であるように、説いても無駄なものに説いている教え）でもない。まさしく、シャカでも猫でもない人間への教えである。そうである以上、人間を知らないで、教えを説くわけにはいかないであろう。カントの蔵書は少なかった。かれは、死んだ活字よりも、生きた人間から知識を得ることを、だいじのこととした。

カントは、人間知・世間知を獲得しひろげる方法として、なによりも交際や旅行を、さらに、旅行記、世界史、伝記、演劇、小説などにふれることをあげている。カントは、たえずこのような方法によって、いわば人間を知るための実験をやっていたのである。カントは、じつによく人情の機微や表裏をしっていた。学生たちは、一方で、むずかしい批判哲学をきいて顔を緊張させながら、他方で面白い人間学をきいて顔をほころばせ、ときに大笑いをしたことであろう。

そしてカントは、自分の理論、自分の教えの通りに生きた。すなわち、一方で、みずからを律することにきびしくありながら（哲学的・道徳的理論にしたがって）、他面、世のなかの人として、世のなかの人とともに生きようとした（人間学の原理にしたがって）。たしかに、カントは、みずからの身を持することにおいて、きわめて誠実・勤勉であり、敬虔・厳格であった。しかし同時に、他人にたいして、きわめて明朗で、ユーモアに富み、機智にたけ、だれにでも親切で、寛容的であった。こういうカントの人がらを知ることは、カントの思想を理解するうえで、だいじなことであろう。「人間を知れ！」というカントの教えを、われわれは、ここで、カントという人間を知ることへ向けてみたいと思う。

社交家カント

カントは、人と交際することによって人間を知ろうとした。このばあい、傍観者ないし観察者として冷静に眺めているだけでは、人間はわかるものではない。だいいち、そのような観察者にたいして、人は自分のなかをそっちょくに見せようとするどころか、ますます隠して見せないであろう。人間を知り世を知るには、人とともにあり、人のなかにはいって、みずから人の世を体験するのでなくてはならない。カントは、ほんらい社交性にめぐまれていたのか、家庭生活や学校仲間や市民生活や、さらには家庭教師生活などを通して社交性を身につけていったのか、それとも人間学のための実験をしていたのか、とにかく、かれほどに社交生活や交際をたのしんだ哲人も珍らしいであろう。かれほどに社交や会食を重視した道徳学者もまれであろう。かれは、「流行はずれの馬鹿であるよりは、流行に合う馬鹿であれ」とさえいうのである。

ただカントは、とくに上流社会の人たちとの交際がだいじだとした。じじつ、かれが食卓をともにする仲間には、貴族とか騎士とか学者とか大商人など、上流社会や教養社会の人たちが多かった。かれは、下層の教養のない社会に比し、上層社会においては、人間性のよりゆたかな開発がみられ、したがって人間についてのより深く広い観察が可能であると考えたのである。

カントは、若いころは、よくレストランで昼食をとった。また、諸方面の紳士宅にまねかれた。(こういう会は、たいてい、一日のうちの主食をとることになっている昼食の会であった。)とにかく集まった人たちは、世間や人間のことをはじめ、あらゆる話題を、面白く、おかしく、また有益に話しあった。とりわけ、カントじしんの話しっぷりが、陽気でユーモアや機智にとみ、みりょくのあるものであった。そのため、ひとは、しらずしらずそういう雰囲気《ふんいき》のなかへ、導かれたのである。そこには、著書や講義ではみることのできない、味のあるカントの姿があった。食卓でカントが話すと、世の平凡なことがらも、いきいきとおどってきて、会話はとどこおることがなかった。独身のカントが語る婦人や女性についての話にも、がんちくがあり、面白さがあり、快適をよびおこさずにはおかなかった。人間知・世間知だけでなく、カントは地理にもくわしく、見たことのないロンドンの橋の様子とか、イタリアのことなどまで、ちゃんと知っていて、人をびっくりさせた。もちろん、こういう会では、哲学上の話はさけられた。

カントは、国務大臣、知事、貴族、軍人、顧問官、銀行頭取、商人などの家に招かれた。とくに、社交サロンの中心であったカイザーリンク伯爵家には、その甥たちの家庭教師であったためであろうか、よく招かれた。才色兼備の伯爵夫人は、未来のある大学講師カントに、とくべつの親しみと尊敬をよせていた。当時三一歳ごろの夫人が描いてくれたカント像（カント三十余歳）は、いかにもおしゃれで、流行の尖端をいく若きカントをよくあらわしている。（前掲七〇ページの絵を参照されたい。）

年をとってからは、自宅の食卓へ人を招いた。常連の仲間は、軍事顧問官、参事官、同僚の教授、銀行頭取、牧師、医師、商人、ときには学生などであった。カントの伝記を書いた牧師のヤハマンや、その兄（医師）、イギリスの商人マザービやグリーン、銀行頭取ルフマン、同僚のクラウス教授、などは、とくに親しい食卓仲間であった。そして晩年には、しじゅうヴァジアンスキーが、食卓にはべった。

グリーンとの親交は有名である。はじめて知りあったころのことにつき、こんな話がつたわっている（その話の事実については疑問があるが）。アメリカ独立戦争で、アメリカがイギリスと戦っているときのことである。ある日の午後、ある公園を散歩していたカントは、知人をみつけ、園亭の前で話をはじめた。話は、時事問題になった。カントは、アメリカ人の肩をもって、ねっしんにその正当さを弁護し、イギリスのやり口を非難した。とたんに、その場にいた一人がふんぜんと立ちあがり、じぶんはイギリス人だが、いまわが国民ならびにわが輩が侮辱されたから、決闘によって名誉回復をしたいと要求した。カントは少しもあわてずじゅんじゅんとして説いた。自分の政治的見解を、そしてまた、人は、愛国心とはかかわりなく、世界の一員として、この世界的事件を批判しなくてはならないということを。グリーン——これがそのイギリス人の名であった——は、すっかり感心し、カントに手をさしのべ、さきほどの失礼をわびた。カントを住居まで見送り、いずれ親しくたずねてきてほしいと、カントを招いた。こうして、カントとグリーンは、わけても親しい交わりを結ぶにいたった、というのである。

貴族や上流社会の人たちが多かったカントの食卓の集まりは、気楽で快活なものではあったが、上品優雅なものであった。婦人たち

カントの食卓仲間

がいなくとも、話が野卑なことに走ることは、けっしてなかった。

そして、大じなことは、こういう集まりの人数は、三人より少なくなく、九人より多くないということが、守られなくてはならなかった。

だからこそカントは、『人間学』のなかで、会食は人道と調和し、人道を促進させるものとして、その重要さを強調するのである。したがってまた、会食での人数、顔ぶれ、作法、話題、話題の運びかたや調子、話しかた、食後の行事、さらには散会後の態度などに、細心の注意をはらわねばならぬ、とくのである。

しかし、カントの友情や社交は、理性的な道徳原理にもとづく愛や人間味からのものであった。これが忘れられてはならないであろう。

規則正しい日常

カントが、規則正しい日常生活を送ったことは、あまりにも有名である。それは、かれの健康上からしても大じのことであった。が、また、みずからを持することにきびしかったかれの道徳的態度からも、きているであろう。

年をとるにつれ、生活の秩序は、いくぶん変わっていったし、また変わらなくてはならなかった。しかし、だいたいカントは、早朝五時ごろ起床した。下男は、五時一五分前に、ベッドのそばへ行ってカントを起こさなくてはならなかった。カントじしんがねむたがっても、ぜったいにようしゃなく起こすよう、いいつけられていた。朝食は、二はいのお茶と一服の煙草。あと、午前中は仕事。その間、講義の準備をして、

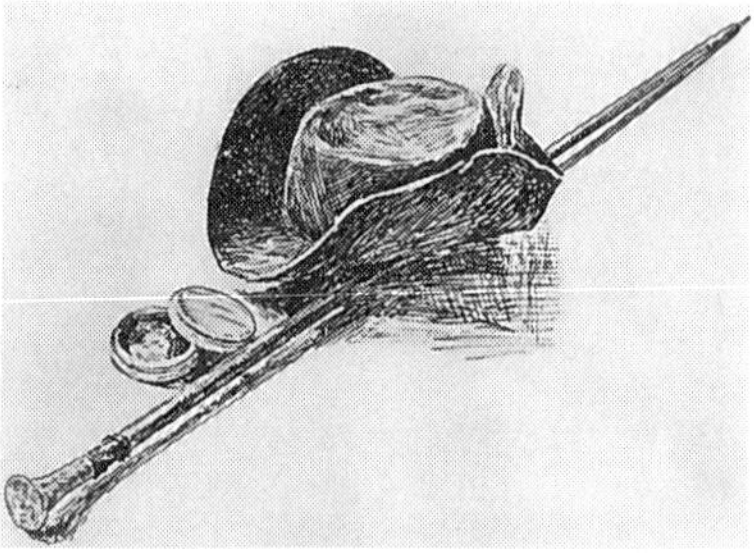
カントの帽子・ステッキ・嗅ぎたばこ入れ

二時間ばかり講義（主として私宅内の講義室で）。そして、午後一時には、食卓仲間を迎えて昼食。こんにちでもそうだが、昼食が主食になっているので、それにはごちそうがでる。カントは、とくにチーズが好きだった。（もう晩年のこと、老衰していたカントが、はじめて重病になり、意識不明になったのも、このチーズを食べすぎたのが原因であった。）バター、チーズ、スープ、野菜、魚肉、焼肉、果物、それにブドー酒……などが、主食の内容であった。そしてカントは、昼食のみの一食主義であった。

食後、四時ごろまで、仲間とのたのしい話しあいが行なわれた。そして、そのあと、これまた有名な散歩を、一時間ほどした。いっぱんにドイツ人は散歩が好きで、また寒い国の健康上それが必要だが、とにかくカント先生の散歩は、時間の正確なことで有名であった。市民たちが、カント先生の散歩姿をみて、時計をあわせたなどと語られている。カントは、ただひとり、静かに考えながら、ときにはうかぶ想をメモ帳に書きとめながら散歩した。汗をかかないように気をつけた。汗をかくことは、じぶんの体質上よくないと信じていた。

夜は、一〇時まで、勉強をした。年をとってからは、夜の時間は、気楽なものを気のむくままに、とりとめもなく読んで健康に配慮した（さきの手紙にあったごとくに）。そして、一〇時にはかならず床についた。朝の五時まで、七時間の睡眠がきびしく守られた。

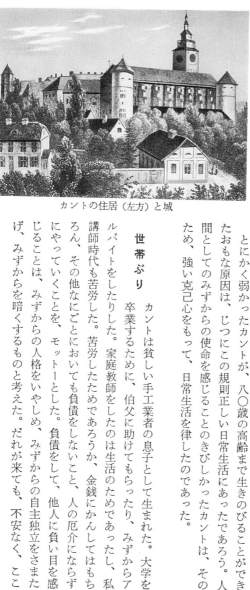

カントの規則正しい散歩がさまたげられたのは、ルソーの『エミール』に読みふけったときであった。ルソーの美しい、内容のある表現にみせられて、かれはついに大じな散歩を忘れてしまったのであった。

カントの住居（左方）と城

とにかく弱かったカントが、八〇歳の高齢まで生きのびることができたおもな原因は、じつにこの規則正しい日常生活にあったであろう。人間としてのみずからの使命を感じることのきびしかったカントは、そのため、強い克己心をもって、日常生活を律したのであった。

世帯ぶり

カントは貧しい手工業者の息子として生まれた。大学を卒業するために、伯父に助けてもらったり、みずからアルバイトをしたりした。家庭教師をしたのは生活のためであったし、私講師時代も苦労した。苦労したためであろうか、金銭にかんしてはもちろん、その他なにごとにおいても負債をしないこと、人の厄介にならずにやっていくことを、モットーとした。負債をして、他人に負い目を感じることは、みずからの人格をいやしめ、みずからの自主独立をさまたげ、みずからを暗くするものと考えた。だれが来ても、不安なく、ここ

かつて哲人が住んだところ
(19世紀中ごろのカントの家)

ろよく迎えいれることができるのは、外に債鬼がいないと思うからだ、といった。カントがいつも明朗であることができたのは、ひとつには、借りをしなかったからでもあろう。

はじめは、同僚の家に同居をしたり、借家生活をしたりしていたが、晩年の自宅は、八室もあるほどの家であった。講義室、食堂、図書室、寝室、客間、書斎、それに料理女の居間と屋根裏の下男の小部屋と。二人の使用人(料理女と下男)もいた。しかし、友人から贈られたルソーの肖像銅版画が書斎にかけられてあったほか、それらしい装飾はみられない、簡素な生活であった。花の香りは、かれにはじゅうぶん感じられなかったのか、ドイツ人の好きな花は、室内でめったにみられなかった(バラの咲くころ、庭のバラが、活けられたが)。

しかし、けちんぼうではなく、親戚のもの(カントの次の妹の遺族や未亡人になった末妹)をはじめ、解職させた下男など、困っているものには年金をあたえて、助けてやった。また、姪たち(弟の娘)の結婚にさいしては、新世帯のために多額の金をあたえて、その将来の暮らしが楽であるようにしてやった。

カントがなくなったとき、二万ターレルという大金が遺産としてあった。どうしてこれだけの大金をつむことができたのか、ひとはみんなおどろいた。つつましい生活、そして非常のときでも人の厄介になるまいとするカントの主義、それが、これだけの貯蓄を可能にしたのであろう。しかし、どんなばあいも、カントは、身分に相応する以上のものをあたえて、その人を無為に暮らさせるようなことはしなかった。自己じしんの力で立たねばならぬ！　というのが、カントの道徳的な態度であった。カントはそれを、自分にも、そして他人にも要求したのである。

みずからにふさわしく

カントの道徳説は、みずからなすべきことに忠実である、ということであった。だからカントによれば、成果とか幸福を第一にめざしたり、またそのために道徳を利用したりすることは、悪であり、人間の本質をけがすものであった。つまり、ひたすら道徳的命令のために生きることが問題であり、その結果がどうなり、どのように報いられるかは、神にまかすべきことであった。だから、幸福や成果をめざすのでなく、幸福や成果にあずかるにふさわしいように生きることが問題であった。

カントは、ふさわしくない栄職は辞退したし、他大学からの高額の招きにもおぼれなかった。はなやかな葬儀も、みずから求むべきことではないとして、ささやかな埋葬を希望した。ただ、なかなかのおしゃれで、服装や作法には気をつかった。しかしこれも、自己を自己以上に誇示しようというのではなく、そこに、ひとつの美や、社交（とくに、上流教養社会との社交）での義務をみたからである。

かれは食卓ではなかなか能弁であった。しかし、いわゆる見せかけの雄弁はきらった。それは、カントによれば、聴衆を説きふせる術にすぎない。人を確信させる根拠がないばあい、聴衆を欺き、瞞着《まんちゃく》させるための努力にすぎない。同じように、こんにち流のマスコミや宣伝をきらった。つまらない著作もきらった。それらは、自己を誇大に見せびらかし、ひとをだまして自己を売りつけようとするものであり、世におもねることである。きざなうぬぼれであり、偽善的仮面である。それは、真理愛の精神をぼうとくするものとして、カントにとって、許すことのできぬものであった。しかし逆に、わざと純朴をよそおって、じっさいの才能をかくそうとするのも、また間違っている、とカントはいう。ようするに、みずからにふさわしく、みずからの義務に生きることこそ、なにより大じな知恵であり、それこそ、真の知恵というべきものである。それこそ真の哲学であり、真の人間らしさである。それに反し、世におもねり、世にこびようとするのは、本末を間違えた知恵（ぬけめなさ、世わたりのこつ、処世術）にほかならない。カントはこう考え、真の知恵に生きぬこうとした。そういうきびしい原則の人であった。

もちろん「みずからにふさわしく」は、このとき・ところにあっては、ときの状況に適応するようなことにもなる。カントは、臣下であるがゆえに、臣下たる身分にふさわしく勅令にしたがって、沈黙したり、世の身分的差別をみとめたりした。婦人が、「女だって哲学はわかりますわ」と不平をいえば、「ご婦人相応にね！」といいかえして、女が学問をすることに皮肉をいった。またカントは、「いずれもの人間を尊敬すること」をルソーから教えられながら、貴族社会をばすぐれた人間性のモデルとした。そういうカントのなかの矛盾は、このとき・ところの矛盾ともいえよう。

独身の秘密は?

さて、哲人カントの人間にかんして残る大きな疑問は、なぜ、かれが、結婚をせず、生涯、独身で通したかということである。カントには相手になるような女性がいなかったのであろうか。それとも失恋したのであろうか。あるいは結婚の必要を感じなかったのであろうか。いろいろの憶測ができよう。だが、やはり最大の原因は、体が弱かったということであろう。天は、かれに偉大な精神をあたえた。そのすぐれた精神を生かし、哲学的な思索に生涯をささげることを、カントはみずからの使命とし、義務と考えた。しかし、結婚生活という生活形態をとってこの義務をはたすためには、かれの体は弱すぎた。かれが第一義的な義務をはたすためには、かれには、結婚を考えるゆとり（ゆとりのある体）は、めぐまれてはいなかった。

身長は低く、胸は扁平で、骨組みは弱く、背柱はひどく曲がり、筋力はいっそう弱かった。肉付きはわるく、肺臓は小さく、鼻はすぐ鼻カタルを起こしかねないほどだった。胃はなかなか丈夫で、相当の健啖《けんたん》（大食）であったけれど、あいにく腸は、しじゅう便秘しがちであった。ただ、偉大な精神の直接の座であり、思想創造の源泉である頭脳は、さすがに大きかった。視覚・聴覚・味覚など外界感受の門口も、いずれも鋭敏であった。とくに眼は、そこから深い心眼が輝きでているようであった。もちろん、聴覚は、詩の朗読をこのんでうけいれたが、音楽にたいしては、駄目であったらしい。敏感な五官、虚弱な身体は、外界の変化に敏感に反応し、これが、かれを、よき気象観察者にしたともいう。

カントは、ふつりあいに大きな頭脳を、ぞんぶんに、しかもできるだけ長く使い、そこからかぎりなく思想を汲みだしていかなくてはならなかった。そのためには、このか弱い身体を、できるかぎりいたわらなくてはならなかった。自制により、合理的な規則正しい生活を守らなくてはならなかった。身体や精神の妨げとならぬように、いつも快活明朗でなくてはならなかった。そして、あるりこうな婦人が、「あなたさえおよろしいのでしたら、結婚などなさいますなよ！」といってくれた忠告にしたがったのである。おそらくかれも、異性に心をひかれたことであろう。また、かれに心をよせる女性もあったことであろう。だが、結婚によって、身心をわずらわされるよりは、結婚しないほうが、この体での義務遂行には、よりふさわしいと考えたのであろう。

といっても、カントは、けっして結婚否定論者ではない。結婚（あるいは、男女の関係）を全面的に否定する論などはなりたちえない。それは人類の滅亡を意味するから。カントは、また、けっして女ぎらいでもない。父母の美わしい夫婦愛も知っていた。女性に尊敬をはらい、才知に富む多くの婦人を友だちにしていた。上級社会に出入りし、貴族的・騎士的なマナーを身につけたかれは、上級社会の婦人の優雅にこたえ、その敬意をうけるにふさわしい騎士でもあった。カイザーリンク夫人のカントにたいする敬愛が、それをもの語っているであろう。カントは、進んで教養ある婦人と交際し、その上品なマナーにふれ、それによって心を高めることを、若いひとにすすめた。カントらしく、「相手を選ぶばあいには理性的であれ！」と教えたり、結婚を人にすすめたり、みずから仲介の労をとったりしている。そしてまた、姪たちの結婚を心から祝福した。老いてもなお、人間としての女性の自然美に、みとれることもあった。とくに味覚にすぐれていたかれは、料理にたくみなことを、夫に気にいるための、妻の大じな条件とした。『人間学』のなかでのかれの結婚観・夫婦観などは、なかなか機微をうがっている。女性の描写など、結婚した人を思わせるほどにうまい。

だが、かれは結婚しなかった。もう六〇歳にもなった孤独のカントをなぐさめようとして、ある牧師が結婚をすすめ、結婚生活の快適さを説明しはじめた。そして、結婚生活のすばらしさをたたえた印刷物をカントにわたし、結婚への気持ちをかきたてようとした。だが、カントは実費を支払って、好意を謝し、そして結婚をことわった。

なかなかスマートなカント
（40歳だい）

ああ、それにしても、天がもっと強健な身体をカントにあたえていてくれたら、かれは、あのタンタロス的な苦悩を味わわなくてすんだであろう。そしてまた、結婚によって、かれの孤独が慰められたであろうし、同時に、大哲人から、結婚や夫婦についての、さらに深い、面白い、人間知をきくこともできたであろうに。ばあいによっては、かれの哲学、わけても道徳哲学は、もっとうるおいのあるものになったかもしれないが……。ざんねんなことであった。

原則にもとづいて

カントとは、どういう人がらの人間か、と、きかれるなら、一口にいって、「道徳的な原則に生きた人」とでもいいえようか。かれは、人間の尊さを、道徳においた。そして、道徳の本質は、内面的な良心の声を、あたかも神のコトバのごとく、守っていくことであるとした。幸福を求めるのでなく、幸福にあずかるにふさわしいように、正しい行為をなすことであるとした。義務の命ずるところを、それがなすべき義務なるがゆえに遂行するという態度であるとした。そして、幼少から、敬虔な信仰心をはぐくまれてきたカントは、こういう道徳観の権化《ごんげ》のような人であった。そこにかれの誠実さがあり、敬虔さがあった。かれは、こういうきびしい義務観ないし道徳観から、みずからの生活をきびしく律していった。

　こういう生きかたは、この道徳観・人間観にもとづいて、みずから定めた原理・原則を、あくまで守りぬこうとする態度となる。カントにもそういう面がある。規則正しい生活を、時計のように守りぬいていこうというのが、それである。煙草は、まいにちパイプに一服だけときめると、それに、げんかくに従おうとした。しかし、この態度は、ともすれば固苦しくなり、融通のきかないものとなる。いったん決められたものは、なかなか取りかえにくい。カントじしんの生活も、じぶんで決めた原理・原則のつながりのようになり、そういう堅固な性格を、カントにうえつけてしまった。それは、ときには、主観的な独断的原則によって、ゆたかな現実を型にはめようとする。現実よりも、原則をつらぬくことがなんとしても大じのこととなる。これは、わけてもドイツ人的な生きかたといえよう。ドイツ人ほど、原則や法則や規則がすきな国民はない。そして、きめた原則や規則を、現実にむかっておしつけ、いうことをきかない現実を間違いとし、訂正しようとする。それは、経験や体験を大じにし、それによって原理・原則を考えだしていこうとするイギリス人やイギリス人的な考えかたと、よい対照をなすといえよう。「規則がこうなんですから……止むをえません！」という生活態度、それは、われわれ日本人の身辺にもありそうである。

ただカントは、「自分のつくった原則が、いつでも、だれにでも通用するように！」ということが、根本の理性的・道徳的原則であるとした。自分の原理が、同時に世に妥当することを求めた。そのためにカントは、自分のたてる原則が、みずからの衝動や本能によらないで、理性にしたがうことを強硬に主張した。その理性的原則にしたがうことのなかに義務をみ、人間の本質をみたのである。かれが社交をすすめ、交際を重んじ、流行にさからうなといましめたのも、じつは、こういうところにもとづいている。すなわち、「世のなかに通用する」という大原則にもとづいている。それゆえカントはまた、ごくふつうの人の道徳的判断を尊び、いっぱんの人をもすべて尊敬すべきことを主張した。そこで、カントは、道徳の命令、それにもとづく原則にしたがって、きびしく自己の身を持しながら、他面、明朗にたのしく人との社交をもとめ、流行にしたがい、他人を尊敬し、他にたいして寛容であった。共存の世に通用し、だれでもの理性になっとくのいくことを原則としたがゆえに、世のなかの慣習・流行に適合していくことを、すすめたのである。もちろん、流行にかない、交際をひろめ、人の世と和することは、一つの手段であり、代用であるにすぎないであろう。そういう代用を通して、カントがほんとうに望んだことは、代用が本ものになり、人道や、道徳法則にのっとる人びとの共同社会が、実現することであった。

自己の原則をあくまでつらぬくために、かえって、人と和し、世の流れに和していこうとするカント！それがカントの人間像であろう。カントのもった二つの面、二つの顔は、じつは統一されていたのである。ただ、カントの住みなれたとき・ところにあっては、人の世や、世の流れは、かならずしも新しい方向のものではなかった。そのため、自主・独立・自由・自律・理性的原則を主張してきびしかったカントも、具体的な生活態度ないし生活様式においては、当時の貴族社会をモデルとするような、保守的なものともなってしまうのである。カントのもつこういう二面性ないし矛盾は、この東プロイセンの社会が面している二面であり、矛盾であったともいえよう。

Ⅲ

人間とは何であるか

——カント哲学が探求したもの——

批判哲学の課題

信仰と自然研究　若き学究の徒カントは、すでにふれたごとく、自然研究者ないし自然哲学者として出発した。処女作であり、卒論である『活力の真の測定についての考察』をはじめ、初期の論文は、ほとんど数学・物理学・天文学・自然地理学などにかんするものである。そして、それは、当時の学界の風潮にそうものであった。近代になってから、数学や物理学を学の模範とする自然科学的研究は、大きな進歩をみせていた。ライプニッツの数学、ニュートンの物理学などは、カントが、大学において、日ごろ接したものであった。とくに、すぐれた師であるクヌッツェンは、こういう学界の動向を、すぐれた学生カントに、つたえてくれたのであった。

だが、自然研究ないし自然科学は、もともと、キリスト教的な信仰とはあいいれないものであるともいえよう。自然科学は、自然現象を、あくまで機械的・力学的・科学的にとらえようとする。この当時の自然科学は、経験的な実験や実証を用いることによって、さらに数学を適用することによって、いちじるしい進歩をとげた。蒸気力の利用にかんする発明は、やがて産業革命の大きな力ともなっていった。これにはんし、キリスト教的信仰は、自然ないし自然現象を、神によって説明しようとする。自然の根底に、神の創造や意図や目的をおこうとする。このような自然科学と信仰とは、その考え方や方法において、およそあいいれない矛《ほこ》と盾《たて》であるともいえよう。

自然科学の発達は、信仰にとって、また信仰をよりどころにしてきた哲学にとって、大きな脅威であった。かつて中世においては、すべては神にもとづき、すべての権威は神に由来した。神への信仰にもとるような科学は、許されなかった（地動説をとなえたコペルニクスやガリレイの悲劇を考えてみよ！）。そこでは、哲学は、うやうやしく神に仕える、神の侍女《じじょ》にすぎなかった（自主的に哲学をしたジョルダノ＝ブルーノーは、火あぶりの刑に処せられた）。しかし、近代にはいって、自然科学は、神から解放され、解放されることによって、独自の法則によるいちじるしい発達をとげた。そこで、哲学も、学であるいじょう、自然科学の影響をうけないわけにはいかなかった。学の典型ともいうべき数学の方法が、哲学にも適用された。有名な哲学者スピノザ（一六三二〜七七）の、『幾何学的な方法によって論証された倫理学《エチカ》』や、ニュートン（一六四三〜一七二七）の『自然哲学の数学的原理』などが、それをしめしているであろう。ただ、そこでは、学の模範とみなされた数学の方法が適用された。そのため、近代自然科学の方法として重要な意味をもつ、経験的な実験・実証の精神は、生かされなかった。幾何学が、公理・定理から論証によって結論をみちびきだしてくるごとく、哲学もまた、そういう方法で論じられた。

他方、脅威にさらされた信仰は、どうなるのであろうか。もちろん、ながい間の浸透によって、あたかもほんらいの本能のようにさえなってしまったキリスト教的信仰は、民衆のなかにあっては容易にゆらぐものではなかった。しかし、自然科学の進歩は、いままでのような姿の信仰に、動揺をあたえないではおかない。まして、自然学・哲学・神学など、いやしくも学といわれるものにたずさわる者には、深刻な影響を及ぼさないではおかない。そこで哲学者たちは、自然科学と信仰との調和統一を考えた。すなわち、かれらは、神・霊魂・世界全体など、形而上的《けいじじょう》なもの（われわれ人間の感性的経験では知りえないもので、経験的現象の奥にあると考えられるもの）を、たとえば数学的な方法などを用いて、合理的に説明しようとした。そして、自然科学と矛盾しないことを示そうとした。つまり、合理的な形而上学をめざしたわけである。「われは考える、ゆえにわれはある」として、考えるわれを根本においたデカルト（一五九六〜一六五〇）は、考えるわれをもとにして神を考えた。たがいに無関係な無数の単子（モナド）によって世界を説明したライプニッツ（一六四六〜一七一六）は、単子の間における、神の予定調和を説いた。スピノザは、自然そのものを神とみなした。ニュートンもまた、自然の底に、神の神秘をみた。（もちろん、スピノザは、自然の秩序そのものを神とし、自然の秩序のそとに、それと異なった神を考えなかった。それゆえにかれは、自分の属するユダヤ教会からは破門され、無神論者のそしりをうけ、主著『倫理学《エチカ》』は、生前には刊行することができなかった。）

独断の夢をさまされる

そして、信仰の深い自然研究者である、わがカントもまた、同じような流れのなかにあったのである。

カントは、敬虔なピエチスムスの家庭ではぐくまれた。わけても信仰の深かった母からは、強い影響をうけた。また学校でも、ピエチスムス風の教育をうけ、牧師であり学者でもあるシュルツに感化された。内心の信仰を尊しとする、このキリスト教的な情操は、カントのなかに、動かぬものとして植えつけられたのであった。

『天体の一般的な自然史と理論』は、若きカントの傑作といわれ、こんにちなお「カント・ラプラス説」としてたたえられている。それは、ニュートン的な自然観にもとづいて、宇宙の星雲説的発生を論じたものであった。にもかかわらず、カントは、このような宇宙発生の根底に、創造者の意図をみ、より高い世界を考えるのである。この論文の結論において、カントはいう。被造者である人間は、一面、むなしい有限のなかにありながら、他面、不死の精神によって、有限なもののいっさいをこえ、新たな高い関係において、みずからの永生を保持する。星の輝く晴れた夜空を仰ぎみて、人は一面この世のむなしさにかかわり、それにひかれる不幸な存在であることをしる。しかし同時に、この世的なものをはるかにこえた無限の世界へ高められるのである。そしてそこにおいて、高貴なる魂のみが感じうる一種の喜び、高い幸福にみたされ、静寂のなかに、名づけ難い声をきき、解き難い意味を感得しうるのである、と。ひとは、そこに、すでに、カントの記念牌ともなった、『実践理性批判』のあの最後の章句を、思いだすであろう。

カントのこういうピエチスムス的な、敬虔な考えかたは、たとえば『負量の概念を哲学に導入する試み』においてさえ、あらわれている。それは、この、宇宙論的・自然哲学的な初期（ライプニッツ・ニュートン時代）を貫いており、自然研究と形而上学とは、少なくともカントにおいては、両立していたのである。

　だが、イギリスの経験論者、ヒュームは、カントに大きなショックをあたえた。ヒュームは、いっさいの知識が経験にもとづくことを主張し、しかも感覚的な印象を重視した。印象こそ、もっとも直接的な経験であり、いろいろなより高い観念や知識や法則は、この印象から生じ、印象の連想によって生ずるとした。したがって、かれによれば、経験的な自然科学の基礎である因果律も、けっきょくは、連想のくりかえし（習慣）にもとづく主観的な信念にすぎない。じつは、たんに習慣にすぎないものが、人によって不動の法則と信じられているにすぎない。なんら客観的・一般的な法則ではない。こうしてヒュームは、いままで疑われることのなかった自然科学的法則の正しさに、疑問を投げかけた。げんみつな、ゆるぎのない自然科学的真理の成立を、いわば否定してしまった。自然科学でさえ疑わしいとするならば、なんら経験的なものをふくまない形而上学が否定されねばならぬのは、いうまでもない。

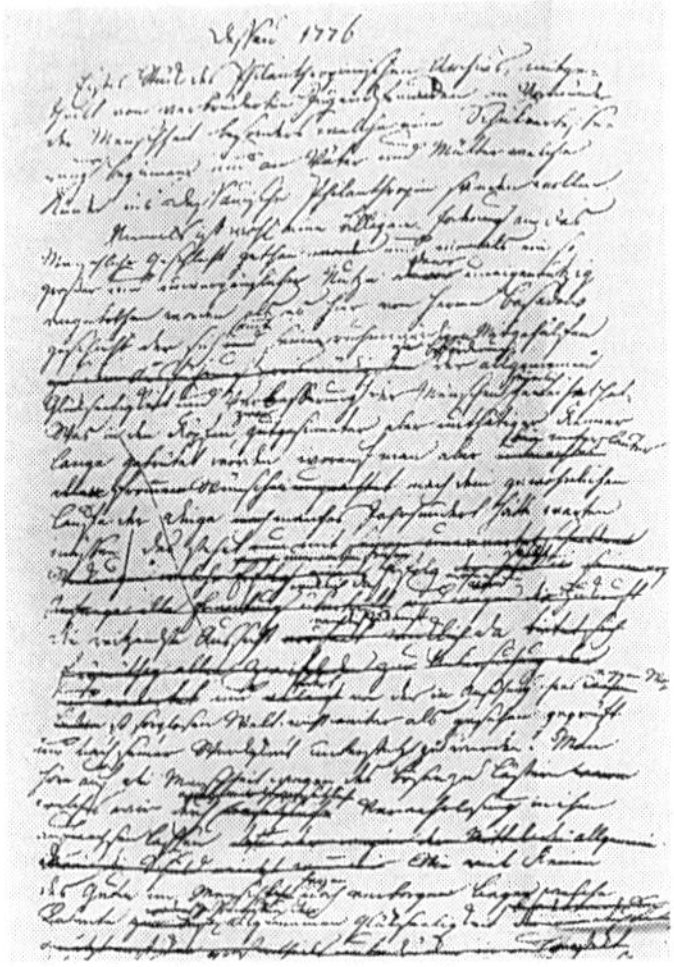
カントの原稿

　これは、カントにとって、たいへんなことである。自然の世界の根底として疑うことのできない形而上の世界、その世界の学（形而上学）が、いまヒュームによって否定されねばならなくなった。カントはいま、従来の合理的な形而上学を信じて疑わなかった、いわば「独断の夢」をさまされた。「わたしは明白に告白する」と、カントはみずからいう。「ヒュームの警告こそは、わたしの独断的なまどろみを破った。」

新しい形而上学をもとめて

かつて諸学の女王たる地位を誇示した形而上学の権威は、失ついした。失ついどころではない。いまやヒュームによって、形而上学そのものの可能性が否定された。

しかしそのことは、形而上的なものにたいするカントの確信を、動揺させるものではなかった。幼少のころからはぐくまれた内心の信仰は、ゆるぐものではなかった。カントは、星の輝く空を仰ぎ、みずからの有限のむなしさにうたれながら、同時に、この世をこえた無限の世界での永生を、信じるのであった。みずからの内からよびかけてくる道徳的な義務の声は、カントにとって、この世のいっさいの幸福をこえ、それをも捨てさせるほどの尊厳と絶対の権威とをもっていた。かれによれば、そもそも人は、たとえ形而上学が疑われ、否定されようとも、形而上的なもの（神、永遠の世界など）への関心を捨てさることはできない。形而上的なものへの関心は、人間の本性に由来するともいえよう。

そうであるとするならば、疑われ、否定されねばならぬのは、いままでの独断的な形而上学ではなかろうか。人間の理性のおもむくままに、独断的専制的であった諸学の女王ではなかろうか。間違っていたのは、従来の形而上学のやりかたなのであって、形而上的なものへの関心ではないであろう。カントは、こう考えた。

そこでわれわれは、いままで独断専行していた理性そのものを、謙虚に反省し批判し検討してみることが必要なのではなかろうか。『純粋理性批判』は、じつは、そういうことのための、法廷であったのである。こういう法廷の審判によって、理性能力の権限がはっきりするならば、そこではじめて、理性は、あの形而上的関心を正しく基礎づけることができるのではなかろうか。そこではじめて、学としての新しい形而上学が成立してくるのではなかろうか。疑うことのできない神や永生や道徳は、自然科学によって脅威をうけることはないのではなかろうか。

しかし、そのためには、われわれは、まずさしあたって、自然科学そのものの構造を、分析・検討してみる要があろう。自然科学、もしくは、自然科学での真理は、いかにして可能なのであろうか。カントは、ヒュームによって独断の夢をさまされ、ショック的な警告をうけた。しかしカントは、自然科学的な知識の正しさを、ヒュームのごとく疑うことはできなかった。では、どうして自然科学的な知識は、正しいのだろうか。

そしてさらに、自然科学的な知識が正しいとするなら、それによって脅かされている形而上学は、どこに立つせがあるのだろうか。やはり永久に相いれない矛と盾なのだろうか。否定することのできない形而上的関心のための形而上学は、やはり不可能なのであろうか。もし不可能でないとするなら、それは、自然科学とどうして両立し、どのようにして調和することができるのであろうか。

人間は何を知りうるか
——『純粋理性批判』——

問題

もういちど、問題のありかたを整理してみよう。かつて諸学の女王であった形而上学は、その独断専行のゆえに、女王たる権威をうばわれ、女王たる地位からおとされた。それどころか、生きることさえ許されないような状況におかれてしまった。女王である形而上学の地位をおびやかし、それにかわって台頭してきたのが、新興の自然科学である。自然科学は、みずからの正当さを主張し、そしてじじつ、その正当を証明するような仕事をどんどんつくりあげていった。

ヒュームは、この新興の自然科学にもけちをつけた。かつての女王である形而上学はもちろんのこと、新興の自然科学にしても、その正当さは、えせもので、自分でそうおもいこんで信じているだけだ、というのである。

古い形而上学によいしれていたカントは、ヒュームによって、この迷妄《めいもう》の夢からめざめさせられた。この、古い諸学の女王には、もはや権威がないことを認めなくてはならなかった。しかしカントは、諸学にかぎらず、およそこの世にあるありとあらゆるもの（形而下《けいじか》的なもの）の上に君臨し、人間もふくめてのこの世のいっさいをつくり、それをすべ、それを統一し支配しているようなもの（形而上的なもの、神的なもの）を、どうも疑うことはできなかった。それは、有限で、この世の幸福（地位、名誉、富など）を求めてやむことのないわれわれ人間に、だんことして内から命令してくる道徳を考えてみても、わかることである。道徳の命令は、ときには、この世の生や幸福をさえすてることを、だんことして要求するではないか。わたしたちは、こういう道徳の源泉が、どうしたってこの世的なもの（形而下的なもの）とは異なったところ（形而上的な世界）にあることを、考えないわけにはいかないであろう。敬虔な信仰心をうえつけられた、誠実なカントは、内心からよびかけてくる道徳を、そして道徳を通して永遠の形而上的な世界を、つゆたりとも疑うことはできなかった。形而上的なものへの関心を、どうもゆるめたり、たちきったりすることはできなかった。カントにとって、形而上的なものへの関心は、不動の確信であった。

しかし、他面、カントは、新興の自然科学の学としての正しさを、ヒュームのごとく疑うことはできなかった。数学や物理学の法則は、やはり動かすことのできない絶対の真理であると考えた。

では、自然科学的な知識の正しさ、真理性（真理であるゆえんのもの）は、どこにあるのであろうか。まずそれを反省・批判・検討してみよう。そしてそのうえで、あの、同じく疑うことのできない形而上的関心の性格を考えてみよう。自然科学的知識が正当であるとするなら、それとあいいれない、異質の形而上的関心のありかは、どこにあるのだろうか。それとも、それは、許されない、いわば迷妄のようなものなのだろうか。しかし、もし、それが許されるとするなら、この形而上的関心を、学として基礎づけることはできないのだろうか。もちろん、そのような形而上学が、かつてのような独断論的なものでないことは、もうすまでもない。新しい形而上学は、法廷の審判をうけたうえでの、合法的なものでなくてはならないであろう。

科学的な真理

そこで、まずわれわれは、自然科学での知識の正当性・真理性（正しいゆえん、真理であるゆえん）を批判・検討することにしよう。『純粋理性批判』は、こうして、自然科学的な真理の性格の検討からはじまる。

われわれが、正しい知識、あるいは真理というばあい、それは、つぎのような性格をもっていなくてはならない。

まず第一は、いつ、どこのだれにみせても通用するということである。「二に三を加えれば五になる」ということが正しいとするならば、いつ、どこの、だれにとっても「二プラス三は五」なのである。ところやときや人により、六になったり四になったりすることはない。もしなることがあれば、それは、間違いであり、いつわりである。いつ、どこの、だれにも通用するという性格を、普遍性とか一般性とかよんでいる。

しかし、真理は、第二に、いつ、どこの、だれにも通用するだけではなく、かならず、そうでなくてはならない。「二プラス三は五」という真理は、二プラス三は、かならず五であって、六や四であってはならないということを意味している。こういう性格をむずかしいコトバで、必然性とよんでいる。

ようするに、いやしくも真理であるいじょうは、いつ、どこの、だれにとっても通用し、そして、かならず通用しなくてはならない。

『純粋理性批判』初版本

真理が真理であるための性格はわかった。さて、そういう真理は、いかにして可能なのであろうか。

ところで、われわれが真理というばあい、その真理は、「かくかくである」とか、「かくかくであるべきだ」とかの判断の形をとっている。そういう判断のばあい、われわれは、いろいろの経験によって、あれこれの判断をする。しかし、そういう経験的な判断は、なるほどある状況のもとではかくかくであったとはいいえても、いつどこにおいても通用すべきものだとはいいえない。つまり、普遍性と必然性とをもつことができない。そういう経験をなんかいくりかえしても、やはり、われわれが観察し経験したかぎりではかくかくだといいうるだけで、普遍性と必然性はない。だから経験的な判断は、真の科学的な知識であるとはいえない。つぎに、たとえば、「白鳥は白い」という判断を考えてみよう。これは、たしかに間違いのない真理で、なるほど普遍性と必然性をもっている。そこでは、経験の助けをかりる必要もない。しかし、「白い」という述語は、「白鳥」という主語を分析することによって生じてくるものである。「白い」は、すでに「白鳥」のなかにふくまれている。たしかに、「白い」は、「白鳥」のふくんでいるある性質をとりだし、「白鳥」の意味内容を明らかにする。しかし「白鳥」のもっている意味内容に、なにか新しいものをつけ加えることはない。明晰《めいせき》にはするが、拡張することはない。だから、こういう判断は、新しい真理を生みだすことはできない。大じなことは、主語の意味に、あるなにかを付加し、語の意味をゆたかにし、増大することとである。それでこそ有益な科学的真理ということができる。

ところが、「三角形の内角の和は二直角である」という判断を考えてみよう。このばあい、三角形、内角、内角の和などの、主語のどこを分析してみても、二直角という述語はでてこない。これは、主語に、まったく新しい意味内容を付加し、主語のふくむ内容を増加したのである。「二プラス三は五」においても同じで、主語のどこを分析しても、「五」という結論はでてこない。二から三、四、五とおっていってはじめて、五という結論にたっする。こういう判断を、カントは、「先天的総合判断」とよび、これこそ真の真理的な判断であるとなした。「先天的」というのは、「経験的」ではなく、経験をこえて、という意味である。「総合」とは「分析」でなく、性質のことなったものをあわせ結びつけるという意味である。そこで、普遍性と必然性をもった真理はいかにして可能であるかという問いは、「先天的総合判断はいかにして可能であるか」という問いとなる。いま、ここで、自然科学的な真理が問題であるとするならば、問題は、「自然科学的な先天的総合判断は、いかにして可能であるか」ということになる。

コペルニクス的転回

自然科学的な真理（あるいは「認識」）は、いかにして可能であろうか。いいかえれば、自然科学上の先天的総合判断は、いかにして可能であろうか。くりかえすまでもないが、ここで問われているのは、自然科学上の（あるいは数学上の）何かある特定の真理（真理の内容）が問われているのではない。そういう真理がどうして構成されるかという、真理を形成する形式ないし方法が問題なのである。

いっぱんに自然の真理を把握するというのは、なにかわれわれの外に、われわれから独立して存在している対象を、あるがままにうつしとったばあいだと考えられている。自然の対象の姿を、あるがままに表象できたばあいだと考えられている。自然の対象の姿があるがままにとらえられること、自然の対象の姿とわれわれの表象との一致、それが真理だと考えられている。そうだとするならば、いったい、その一致をどうしてしらべることができるのであろうか。なにをもって一致しているとみなすことができるのであろうか。対象は向こうがわ、表象はこちらがわとするなら、だれが両者を比較して、その一致を判定するのだろうか。判定するものは、自然の対象の姿が真にどうあるかを知っていなくてはなるまい。そうでないと判定できない。とすると、判定者の表象が、自然の対象と一致しているのを誰が決めるのか。そこでまた、第二の判定者が必要になる。第二の判定者は、さらに第三の判定者を必要とするであろう。こうして、つきることがなかろう。けっきょく真理であるかどうかは、わからなくなってしまう。このことは、真理とは、外の対象のうつしであるという考えかたが、間違っているからである。また、自然の対象の姿をとらえるというばあい、それは、経験によるほかはなかろう。しかし、さきほどみたごとく、経験は、われわれが問題にする先天的総合判断をあたえることはできない。普遍的・必然的な真理を生みだすことはできない。

そこで、カントは、こう考えた。われわれの外に、われわれから独立して自然の対象があるのではない。われわれが、そういう対象をつくりあげていくのだ。われわれのがわにある先天的（ア＝プリオリ）形式・型が、自然の対象を、経験をつくりあげていくのであって、その逆ではない。先天的（ア＝プリオリ）な枠というのは、生まれながらにある枠という意味ではない。むしろ経験的な素材をうけいれてまとめあげていく（総合していく）形式であり、型であり、枠であり、能力である。経験そのものをつくりあげていく型、したがって、じぶんじしんは経験的なものではなく、しかも経験があるかぎりいつでもそこにまずもって考えられなくてはならない根本的な形式のことである。こういう先天的な形式によって構成された対象である以上、それにかんし、普遍的・必然的な知識、すなわち真理をもちうることは、明らかであろう。しかもそれがつくられた対象についての判断であるかぎり、たんなる概念の分析ではない、総合的な判断であることができよう。

そこで、われわれの外の自然に、われわれから独立してものがあるのでなく、逆に、われわれが、そういう経験的対象を構成するのである。普遍的・必然的な真理（科学的な先天的総合判断）は、われわれが、外のものを正しく模写するところになりたつのではなく、逆に、われわれが、みずからの形式（先天的な）によって、自発的につくりあげたものについての判断なのである。みずからの能力による自発的な構成であるかぎり、その構成は、主観的であるといえよう。しかし、いやしくも経験や対象の存するかぎり、いつでもその形式的な総合が作用していなくてはならないとするならば、それは、同時に客観的でもある。こういう、われわれの自発性によって、自然の対象や経験が可能になり、そこでのいろいろの法則が把握され、先天的総合判断がなされうるのである。

かつての天動説をひっくりかえして、コペルニクスは、地動説を主張した。いま、カントは、外界の対象が独立して存在しているといういままでの説を逆転し、われわれが、われわれの先天的形式を働かせること（実験的方法）によって、そういう対象をつくりあげるのだと、主張した。それは、まさに、カントじしんも誇示するごとく、ものを正しく把握する（認識する）うえでの、コペルニクス的転回であった。

有限なる人間の知

われわれの先天的な能力・形式によって、対象や経験が構成されると、カントはいう。しかし、このばあい、わすれてならぬことは、われわれ人間は、人間であるということである。もし、神ならば、神は思考することによって、ただちに対象を、天地万物を、創造するであろう。しかし、人間がつくるのは、先天的な形式・型、まさに人間としての先天的な能力による組立てであり、構成であるにすぎない。という意味は、人間には、素材そのものをまでつくりあげることは、許されていないということである。人間は、人間に与えられてくる材料をまとめあげる（総合する）働きをするのであり、それだけであって、それ以上ではない。われわれは、経験的にあたえられてくる素材をくみたてまとめあげて、まとまりのある経験的世界や自然的対象をつくりあげる。経験的世界ないし自然にかんするわれわれの知識、われわれの判断は、なるほど真理であり、先天的総合判断であることができる。このような真理ないし判断は、たしかに、経験的なものではない。しかし、経験をはなれることはできない。経験から生ずるのではないが、経験をはなれ、経験なくしては成りたたないのである。したがって、自然科学的な真理は、経験の範囲を超えでることはできないのである。

もしわれわれ人間が、異なった形式・型・能力をもっていたなら、あるいは、異なった対象を構成していたかもしれない。したがって異なった真理をとらえたかもしれない。しかし、われわれは、現にある先天的能力によって、経験的にあたえられる素材をまとめあげるのである。いま、眼前にある机は、われわれに見られ、感じられ、ふれられるかずかずの所与《しょよ》をもとにして、われわれがまとめあげて、机として確認している対象である。われわれによってとらえられた机という姿であり現象である。したがって、それは、机そのものの姿ではない。われわれにあたえられる素材がどこからくるのか、その素材がくる源泉はどういうものなのか、いわば机そのものはどういうものなのか、机の本質ともいうべきものは何であるのか……それらは、われわれ人間にはわからない。それは、われわれ人間の知的能力（科学的な知的能力）のおよびえぬところなのである。われわれの知的能力のおよび得る範囲は、さきの、経験的世界についてだけである。したがって、その世界をこえて考えることはできない。この世界をこえて天《あま》がける思考は、空想や妄想ではありえても、真理であることはできない。かつての形而上学は、こういう独断をおかしていたのではなかろうか、とカントは批判するのである。

感覚をまとめていく形式

では、経験や真理を可能にするわれわれの先天的な能力、先天的な形式とは、いかなるものなのであろうか。そして、われわれは、それによって、どのようにして対象や経験的世界を構成していくのであろうか。

　われわれ人間にとっては、われわれの外に、われわれから独立した対象は、考えられなかった。少なくとも、そういうものを認識すること（知的に把握すること）は、できなかった。しかしわれわれには、われわれが構成していく対象の素材が与えられたし、また与えられなくてはならなかった。人間は、そういう素材をも創造することはできなかった。この素材とは、われわれの感覚器官を通してわれわれを触発《しょくはつ》するいろいろな刺激である。そういう無数の、いわば混とんとした感覚は、われわれによって統一されまとめられるのでなければ、わけのわからない混とんとしたものである。混とんとしたこの感覚が、統一されまとめられることによって、知覚される。ところで、知覚された感覚は、かならず、いま、ここに、あるいは、いつか、どこかにあるものでなくてはならない。いつか、どこかにあるものではないような感覚といったものは、ありえない。この、いつか、どこかにあるもの、あるいはあったものとして知覚され統一されるということは、われわれのがわに、時間的・空間的にまとめていく働きないし形式があるからである。つまり、時間・空間という形式、時間・空間というまとめかたの能力がそなわっているからである。

　感覚をまとめていくのである以上、時間・空間という形式は、感覚そのものではない。感覚をまとめていくものとして、感覚をこえているものである。すなわち、先天的（ア＝プリオリ）である。時・空は、こういう感覚的直観の形式なのである。時・空というわれわれの形式によって、感覚的直観は、まとめられ統一され、知覚されていくのである。われわれが感性（感覚的直観の能力）とよんでいるものは、こういうア＝プリオリな時・空的形式によって、感覚を統一していく能力なのである。

およそ人間が、感覚をまとめていくうえでは、どうしてもこの直観形式によらなくてはならない。時・空という形式は、そのようなものとして、人間に共通である。そうだとするならば、この形式によって構成された対象、すなわち現象としての対象は、すべての人間にとって客観的であるであろう。

思考のわくぐみ

しかし、時・空の形式によって、感覚的直観がまとめられ、知覚されたといっても、それはまだ、明確に確認されたものではない。たとえば「これは机である」と明確に確認されるためには、思考の働きがなくてはならない。時・空的にまとめられたものを、思考によって統一していくのでなくては、普遍的・必然的な対象、真実の対象となることはできない。カントは、こういう思考の働きの働きかた、思考のわくぐみ、すなわち思考の形式をカテゴリーとよんだ。

カテゴリーは、時・空によってまとめられた感覚的直観、知覚された感覚に働きかけ、それを材料にして、真実の対象を構成していく形式である。感性によってあたえられた直観的表象を材料にして、経験的対象を構成していくものとして、それじしんは、経験的なものではなく、経験をこえたものである。すなわち、先天的（ア＝プリオリ）な形式である。

深き思索をあらわす，わが哲人の顔

では、思考のわくぐみ、カテゴリーとは、どういうものなのであろうか。カントは、こう考えた。そもそもわれわれが思考するばあい、われわれは、「かくかくである」とか、「かくかくではなかろうか」とか、「かくかくであろう」などと、判断の形で思考している。思考した結果は、判断の形で公表する。そうだとするならば、われわれの判断の型にはどういうものがあるかを検討してみれば、われわれの思考の型（わくぐみ、形式）、すなわちカテゴリーはわかるであろう、と。

そこで、カントは、大きくわけて四つ、こまかくわけて一二のカテゴリーを導きだした。

1　すべてのA、若干のA、このA、というように、分量的にものを考えていく形式。

2　AはBである、AはBでない、Aは非Bである、というように、性質的に考えるわく。

3　AはBである、もしAがBならばCはDである、AはBかCかのいずれかである、というように、関係的に考える考えかた。

4　AはBであろう、AはBである、AはかならずBでなければならない、というように、様相的に考えていく型。

以上が、われわれ人間の思考の型であり、思考能力としての悟性《ごせい》が活動していくうえでの様式なのである。この形式は、およそ人間が、あたえられた感覚的表象を思考していくばあい、かならずのっとっていく型である。そのかぎり、すべての人間にとって共通であり、したがって、この形式によって思考された内容ないし経験的対象は、すべての人にたいして客観的であるであろう。

根源的自我による統一　そこで、われわれにとっての明確な対象、われわれのたしかな知識、われわれの正しい認識は、感覚的直観と思考との、感性と悟性との共同の働きによって成立するのである。

時・空的な形式がなくては、われわれを感覚的に触発するものは、混とんとした無秩序にすぎないであろう。逆に、感覚的な刺激があたえられなくては、時・空的形式は空虚なものであろう。同じように、カテゴリーによる思考がなくては、感覚的直観の表象は、まだ不明確であろう。しかし逆に、内容としてあたえられる直観的表象がなければ、カテゴリー的思考は空虚といわねばなるまい。形式のない内容は盲目であり、内容のない形式は空虚である。人間の知、人間の認識、人間の自発的創造は、いつでもこういう性格をもっているのである。神のごとく、思考がただちに内容を創造するというわけには、いかないのである。

それにしても、時・空的形式がまとめあげたものにたいして、はたして異質的なカテゴリーは、適用されうるだろうか。思考能力である悟性の働きが、感覚的にあたえられた表象を、カテゴリー（思考の様式）によってまとめていくためには、感覚的表象はそれに応ずるようなものでなくてはならない。カテゴリーが、感覚を統一していく働きであるとしても、かんじんの素材としての感覚が、カテゴリーの手におえないようなものであっては、なんともしようがない。思考形式が、それとまったく無関係に、時・空の形式によってまとめられた感覚的素材にどうして適合するか。それは、カントをもっとも苦しめた問題であった。

カントは、こう考えた。じつは、感性の時間・空間的形式によって、感覚が整理されていくさい、すでに悟性が働いていたのである。ともかく、時間的・空間的にわれわれにあたえられる感覚的直観は、多様であった。われわれは、つぎつぎに与えられる瞬間的な印象を、いちいちしっかりと把握して総括していかなくてはならない。そうでないと、多様な直感はバラバラのものである。しかしそういう総括のためには、瞬間的につぎつぎと消えさっていく印象を、心に保持し、それを再現してまとめていくのでなくてはならない。しかし、再現して総括するためには、再現された表象が以前のものと同じであることを再確認してまとめていくのでなくてはならない。ところで、こういう再確認の総括がなりたつということは、そういう働きをしている意識が同一でなくてはならない。意識が瞬間瞬間に別のものであったら、こういう再確認は不可能である。こういう同一の意識があってこそはじめて、われわれは、つぎつぎに与えられる印象を、再確認し、再現し、しっかり把握してまとめあげていくことができるのである。それゆえ意識の同一性こそは、対象が構成されるための根本的な条件であるといえよう。カントは、このような同一である意識を先験的統覚(経験的なものの根底にあって、経験をまとめていく統一的中心)、あるいは根源的統覚とよんだ。それは、意識し思考する自意識(自己意識)にほかならない。

感覚的直観のみでは、まとまりは与えられない。感覚的直観の対象が与えられるためには、じつは、すでにそこに、根源的統覚がなくてはならず、自我の働きが存しなくてはならなかった。この根源的な統覚こそ、思考の能力としての悟性にほかならないであろう。直観の多様が総合され統一されて、感覚的対象が成立するさい、時間・空間の形式だけでなく、すでに悟性の自発的な働きが、働いていたのである。悟性の自発的な働きは、当然、カテゴリーにもとづいているのであるから、カテゴリーは、直観の多様が総括されていくはじめから、通用して、総括的統一のための働きをしていたのである。とにかく、いっさいの総合統一の根底には、自発的な自己意識、自発的に総合統一していく自我の能力、すなわち悟性が、働いていたのである。感覚的な多様も、それがまとめられていくためには、悟性のもとに、すなわち悟性の機能であるカテゴリーのもとに、従属しなくてはならないのである。こうして、カテゴリーは、感覚的多様がまとめられていくさいに、すでに、みずからの作用をおよぼしているのである。

　もちろん、感覚的多様がまとめられるさいに作用してくるカテゴリーは、げんみつな意味での思考作用ではない。ここでのカテゴリーの働きは、げんみつな知的総括ではなくして、感覚的表象をまとめて、たとえば見ることのできる具体的な「家」という像をつくるための作用である。カントは、このように、形象をつくりあげるために働く悟性能力を、げんみつな意味での思考能力である悟性と区別して、「産出的構想力」とよんでいる。

感覚のなかに働く思考

さて、それでは、純粋な思考の能力である悟性は、どういう形で感性のなかにあらわれ、感性のなかで作用するのであろうか。いいかえるならば、悟性の思考様式としてのカテゴリーは、時間的・空間的にまとめあげられる感覚的表象のなかで、すでにどういう姿で働いているのであろうか。（カントは、純粋なカテゴリーの、このような感覚化・具体化を図式とよんだ。）

すでにみてきたごとく、感覚的・直観的な多様は、時間的・空間的な形式によってまとめられていった。しかし、たとえば、心理学でいう心の作用は、たんに時間的な流れのようなものであるにすぎない。そうすると、すべての感覚的な現象が、その姿を空間的・場所的にあらわしうるとはかぎらないが、すべての感覚は、時間的な流れとしてみずからをあらわすことができる。悟性のカテゴリー（それは先天的で、すべての人間に共通した形式であった）が、あらゆる感覚のなかに力をおよぼすためには、それは、時間の形式のなかに姿をあらわし、時間の流れのなかに具体化されてこなくてはならない。

思考する悟性は、まず、一つ、若干、すべて、というふうに、分量的にものを考える様式（量のカテゴリー）を有していた。この思考様式は、時間の流れそのものを、一つ、二つ、三つ、全体、というふうに、数的にとらえていこうとする。すなわち、量的にものを考えるという純粋のカテゴリーは、時の流れを数としてまとめるという姿で、感覚のなかに具体化されるのである。

つぎに、ある、ない、これこれではないものである、というふうに、性質的にものを考えていこうとする思考様式（質のカテゴリー）は、時間の内容をなしている感覚を度としてとらえていく。すなわち、感覚が充実されているか、空虚であるか、それともみたされていることから空虚へと度を漸減していくかどうか、というふうに、時間の内容をなしている感覚を、度によって整理していくのである。

第三に、かくかくである、もしかくかくならばかくかくである、これかあれかのいずれかである、というふうに、関係的にものを考える思考の純粋な型（関係のカテゴリー）は、時間の順序をみる眼としてあらわれる。時間のなかで持続しているか、あるものがくるとそれに続いてかならず他のものがくるという時間の前後がみられるか、また、一つのものがあると同じ時間に他のものがあるという共存が知覚されるか、というふうに、感覚的多様を秩序づけていく。関係のカテゴリー（実体的に、因果的に、また相互的にものを考えるというわく）は、時間を、持続・前後・共存というふうに、順序的にみる眼として具体化・図式化されるのである。

さいごに第四として、様相的にものを考える思考様式（様相のカテゴリー）は、どう具体化、感性化、図式化されるであろうか。様相のカテゴリーは、かくかくであるだろうとか、かくかくであるとか、かならずかくかくでなければならないといったふうに、可能的に、現実的に、また必然的にものを考える型であった。それは、いつか時がくればある感覚が感じられるだろうか、現にいま感覚されているか、いまだけではなくいつでもつねに感じられるかどうか、というふうな姿（図式）をとって、感覚的な多様をまとめあげていくのである。これは、形式的な時の経過と内容的な感覚とを結びつけた図式なので、カントはこれを時間の総括とよんでいる。

根本原則

われわれの思考能力である悟性の思考様式、すなわち先天的ですべての人間に共通であるカテゴリー（大きくは四つ、こまかくは一二）は、時間の流れ、時間の内容、時間の順序、時間の総括、という姿をとって、感覚のなかにわりこんだ。そして、感覚を、そういうわくで整理し、そういう図式によって、秩序づけようとした。つまり、まとまりのある感覚的表象ないし経験をつくりあげるために働いたのである。それゆえ、われわれの知識（われわれのあらゆる総合判断）のための対象も、こういうわく、こういうカテゴリーを中心にした経験構成作用によって、構成されるのである。あらゆる総合判断の対象そのものが、すでに、上述のような先天的な構成作用によって成り立っていたのである。したがって、対象にかんして、先天的総合判断を、またそれにもとづく経験的総合判断を、下すことができるのである。カントは、このことこそ大じな、「あらゆる総合判断の最高原則」だという。

こうして感覚は、図式を媒介としたカテゴリーによって、まとまりのあるものに構成されるのである。もしそうでないなら、それは、なんともしようのない、混とんとした感覚であるにすぎない。そこでは、われわれの知覚や経験や知的把握（認識）は、成り立ちようがない。したがって数学も、自然科学も成り立ちえない。

しかし、感覚が、図式を介して、カテゴリーによってまとめられることによって、次の根本の原則が成り立つのである。そして、それによって、数学や自然科学が成立することができるのである。

すなわち、第一に、分量という点からのカテゴリーやその図式（時間の流れ、時間の系列）によってまとめられた、すべて感覚や経験的直観は、数えることのできる量である。

第二に、性質や、その図式としての時間内容（度）という点からまとめられ構成されたすべての感覚は、強い・弱いという質的な度をもっている。

第三に、時間的順序という図式を介し、関係的に秩序づけられ、経験が成立するためには、感覚やまたそれの確認された知覚は、ばらばらであってはならない。それらはかならず相互に結びつき、関係しあわなくてはならない。それでこそわれわれは、持続しているものを、持続しないものと結びつけて、実体とその属性とを考えることができる。時間上、先だつものを、かならずそのあとにくるものと前後的に結びつけて、原因・結果を考えることができる。また、一方から他方へ、他方から一方への順序をかえて結びつけても、いっこうかまわないばあい（たとえば、入口をみて窓をみ、窓をみてから入口をみることができ、どちらを先にしてもかまわないばあい）、両者を結びつけ、関係づけて、共存を考えることができる。

第四に、様相的に、あるいは時間の総括という図式を通してまとめられる対象は、あるいは、いつか時がくれば、感覚的経験的対象として、あらわれてくることができるものである。あるいは、現にいま感覚的・経験的対象として感覚することができるものである。あるいは、感覚されることのできるものであり、いま現に感覚されており、そのうえ、いつでも感覚されるはずのものである。

カントは、第一と第二の原則を、数学を可能にする数学的原則とよび、第三と第四の原則を、自然科学を可能にする力学的原則とよんだ。いま、われわれは、数学や自然科学のための根本原則を明らかにすることができたのである。数学や自然科学を基礎づけることができたのである。

わたしは何を知りうるか

われわれは、いま、われわれの自然科学的な知識が、どのようにして成り立つかを分析してきた。すなわち、先天的で、それゆえに普遍的に、すべての人間に通用し、また、かならずすべての人間に通用しなくてはならない総合判断が、どのような条件のもとで成り立つかを明らかにした。そのさい強調されたことは、感覚的直観の多様を、われわれの自発的な活動様式によって、まとめていくということである。われわれの型のもとへ、感覚的な素材を従属させていくということである。われわれの形式によって内容を秩序づけ、もって経験を、経験的対象を構成していくということである。そして、このような統一、総括、秩序づけ、ないし構成の根本をなすものは、自我であった。根源としての自我（自意識）は、思考能力としての悟性、直観能力としての感性を働かせて（カントはこういう働きを、与えられたもののなかでの実験とよんでいる）、自然を、経験的世界を、対象を構成していったのである。そして悟性の機能様式がカテゴリーであり、感性のそれが時間・空間であった。

近世哲学の祖といわれるデカルトは、「われは考える、ゆえにわれはある」とし、考えるわれを根本にして哲学上の諸問題を明らかにしていった。カントは、この立場をてっていした。いまや、外的な対象があってそれにわれわれの知が従うのでなく、考えるわれが、対象や経験的世界を可能にするのだという、コペルニクス的転回をなしとげた。

だが、人間は神ではない。カントは、この点をはっきりとうちだした。神の知は、同時にいっさいを創造する。しかし、人間の知は、あくまで、あたえられた素材をまとめ、くみたて、つくりあげていくだけである。素材そのものを創造することは、人間には許されてはいない。われわれにあらわれる現象にかんしてのみ、われわれ人間の作業は可能なのである。はたして素材をだれが与えるのか。その素材がどこからくるのか。その素材の源泉そのものの姿ないし本質（たとえば、われわれによって確認された机ではなくして、机そのもの）は、なんであるのか。それは、われわれ人間にはわからない。それを想像することはできても、それを把握し、それを存在する対象として考えることはできない。そこに、人間の有限さがあり、人間の知の限界があるのである。

カントによれば、古い形而上学は、この限界をみきわめなかった。すなわち、人間の能力（感性・悟性）を反省・批判・検討しなかった。そして、傲慢《ごうまん》にも、神のごとく、知性をして天空をかけめぐらせた。考えることが、同時に存在するかのごとく、形而上的なものをあれこれ考えた。そこに、独断的な夢想があったのである。

カントは、『純粋理性批判』のなかで、真の哲学の問題として、三つをあげている。第一は、「わたしは何を知りうるか」であり、第二は、「わたしは何をなすべきか」であり、第三は、「わたしは何を望んでよろしいか」である、と。いうまでもなく、この第一の問いに答えるのが、『純粋理性批判』の課題であった。いま、わたしたちは、われわれ人間が、科学的・理論的に「何を知り得るか」にかんし、カントの解答を知りえた。人間は、神と異なり、われわれ人間に現象してくる範囲にかんしてだけ知りうるのであった。現象の源泉、現象のおくにある物そのもの、などについて、科学的・理論的にうんぬんすることは、人間の限界外のことであり、人間の越権であった。古い形而上学は、こういう越権をおかしていたのである。

否定された形而上学と、否定されえぬ関心

しかし、古い形而上学の否定は、形而上的なもの（神、霊魂など）が否定されなくてはならないと、断言しているのではない。そうではなくて、形而上的なものを、理論的・科学的にとらえようとすることが間違っている、というのである。形而上的なものを、理論的な認識の対象にしようとするところに、人間の有限さを自覚しない越権があり、独断があり、傲慢《ごうまん》があるというのである。形而上的なものは、感性的な直観の対象ではありえないから、人間は、それを理論的に認識することはできない。感性的なものにのみ通用する、人間のカテゴリーを、感性をこえたもの（超感性的なもの）に適用することはできない。

しかし、カントによれば、従来の形而上学が、こういう誤りをおかしたということは、わけのないことではなかった。

人間は、よりいっそうの統一と体系を求めてやまない。われわれの悟性は、感性的直観の多様を統一して経験を成立せしめた。経験の対象にかんして理論的な判断をした。しかし人間は、たんに、このような悟性の働き、悟性の規則、悟性の判断で満足することなく、さらに、そのような悟性的な認識を体系化し、統一しようとする。カントは、このような能力を、理性とよんだ。理性は、直接に経験の対象に関係するのではない。経験や判断を積極的に構成するために関与するのではない。そうではなくて、悟性が構成し、悟性が判断したものを体系化し統一するのである。つまり、新しいものを構成するのではなくて、構成されたものを統制するのである。それは、われわれの知識にとって、大じのことといえよう。

統一を求める理性は、より少数の統一原理を求めて、やむことがないであろう。そして、もうこれ以上はないという統制原理（他のいっさいを統制するが、みずからはもう統制されることのない究極の原理、無制約者）にまでいきつかなくてはやまないであろう。カントは、こういう究極の原理、究極の統制者として、霊魂や世界や神を考えた。そしてそれは、さらに神によって統一されるであろう。しかし、こうした究極の統制的原理は、統制者として現実に見出されるのではない。そうではなくて、それは、理性に課せられた要求であるにすぎない。理性はそういう目に見えぬあこがれ（理念）にひかれて、無限に、現象の統一を求めて止むことがないのである。悟性的な理論的把握でみちたりることができず、その理論をすべ、統一するものを求めずにはおれない。そういう、いわば完全な理論、神の知に、あこがれないわけにはいかない。こういう形而上的なものに、関心をよせないわけにはいかない。しかし有限な人間の知には、この形而上的なものの把握は、許されてはいない。

古い形而上学者が、この形而上的なものに関心をよせたことは、当然であったといえよう。ただ、かれらは、それを現実に見出されうるものとし、それを理論的に解明しようとした。すなわち、形而上的なものへ、悟性的カテゴリーを適用しようとした。そこに誤りがあった。真理でないものを真理としてしまった。われわれは、そういういつわりを、いつわりとして暴露しなくてはならない。カントは、それをしてきたのであった。

新生への道

カントは、形而上的なものを理論的・科学的にとらえようとする方法を、批判した。そういう形而上学を否定した。しかし、形而上的なものへの関心を、人間にとっての、さけることのできない、いや、欠くことのできない関心とした。かれは、神や霊魂の不死を信じて疑わなかった。そこで問題は、形而上的なものは、そもそもなんらかの方法でとらえることはできないのか、ということである。理論的・科学的にとらえることができないというならば、他のなんらかの方法でとらえることはできないのであろうか。形而上的なものへ、理論的な先天的総合判断をくだすことができなくとも、他のなんらかの立場に立つことによって、かかる判断ができるのではなかろうか。

カントは、科学的・理論的な知識のありかたを反省・批判・検討した。そして、そのありかたを規定した。しかしそのことは、同時に、自然科学的な理論の限定であり、制限であり、わくづけであった。自然科学的な理論が、こういうありかたで成立するということは、自然科学は、それいがいのことをうんぬんしてはならないし、することはできないということを、示すものであった。それは、逆にいえば、自然科学の対象でないような世界の可能なことを、いっていることでもあろう。形而上的なものは、自然科学の対象ではありえない。だからといって、それはありえないとはいえないであろう。たんに、科学の対象ではありえない、したがって科学の対象にされてはならないと、いうだけである。

カントは、『純粋理性批判』の序文において、「わたしは、信仰に席をあたえるために、知識を廃棄しなくてはならなかった」とさえ断言する。『純粋理性批判』は、自然科学（数学や物理学など）の基礎づけであった。しかし同時に、いや、じつはそれ以上に、信仰に場所をあたえるためのものであった、ともいえよう。カントじしん自然科学の勉強をした。すぐれた自然学者でもあった。だが、ますます自然科学が発達し、自然科学的な考えかたが浸透すればするほど、カントは、信仰や道徳が、それによっておびやかされるのを、感じないわけにはいかなかった。かれが信じて疑わない神、かれにゆるぎなくうえつけられた敬虔な道徳的心情、カントはそれらを、自然科学的な脅威から守り、保護し、確実なものにしなくてはならなかった。

カントは、形而上的なものが、自然科学の対象ではなく、したがって、自然科学の範囲外の別種のものであることを、あきらかにした。そこで、つぎの問題は、この形而上的なものが、学としてなりたつことはできないか、ということであった。学としての形而上学（新しい形而上学）は、可能であろうか。可能とするなら、いかにして可能であろうか。いい

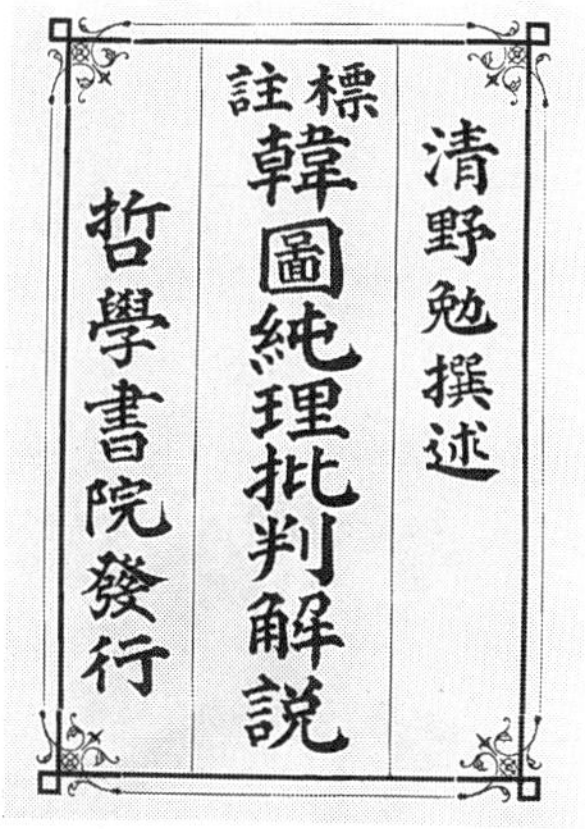
清野勉撰述
標註韓圖純理批判解説
哲學書院發行

日本ではじめての『純粋理性批判』の解説書（明治29年）

かえるなら、形而上的なものにかんしての先天的総合判断は、いかにして可能であろうか。カントは、あの、理念として統制的であった形而上的なものが、積極的に構成的にはたらいてくる場所を、道徳の世界においてみたのである。新しい形而上学は、道徳のなかにおいて、誕生してくるのではなかろうか。

こうしてカントは、新しい形而上学を求めて、見る立場（理論の立場、科学の立場）から、働く立場（実践の立場、道徳の立場）へ移っていくのである。

人間は何をなすべきか
——『実践理性批判』——

わが内なる道徳の声

わたしたちの日々を考えてみると、ああしたい、こうしたい、と、まったくしたいことの連続みたいである。フロイトのいうごとく、欲求にかりたてられ、その不満をみたそうとして、かけめぐっているようである。動物的な本能や衝動にもとづく欲求のほかに、わけても人間的な地位・名誉・富・長寿など、そうじてこの世の幸福を追いもとめてやむことがない。

だが、こうしたい、ああしたいともがくとき、他方で、こうしてはならぬ、ああしてはならぬ、こうすべきだ、ああすべきだという声に、だれでもぶつかるであろう。その声は、他人からわたしたちに向けられることもあろう。しかし、他人がおしつけたことを、わたしたちの心がうけとるばあいでも、わたしたちは、「なるほど、こうしてはならぬ、ああすべきだ」と、じぶんでじぶんの心にいいきかせる。また、たとえ、他人が見ていようといなかろうと、他人が知っていようと知らなかろうと、わたしたちは、じぶんの心に、こうしてはならぬ、ああすべきだと、いいきかせる。わたしたちの内におこってくるこの声は、いったい、どこからくるのであろうか。

その声は、わたしたちが、欲におぼれて、まちがったことでもしようものなら、ますますきびしく、だんことしてわれわれにせまり、われわれを責め、われわれを苦しめる。われわれを呵責《かしゃく》しないではおかない。もうすでに過ぎさったことにたいしても、この声は、ああすべきではなかった、こうすべきであったのだ、といって、われわれを責め苦しめるのである。

だんことして、きびしくわれわれに迫ってくるこの声は、この声にしたがえば、欲している快楽を与えてやろうなどとは約束しない。この声をきけば、この世の幸福をめぐんでやろうなどとは、ひとことだって、ほのめかしさえしない。それどころではない。この、だんこたる声は、ときには、われわれのいっさいの欲を、われわれのいっさいのこの世の幸福を、われわれの生命をさえ捨てよと、要求するのである。その声は、「もし立身出世しようと思うなら、こうしろ！」とか、「もし幸福がほしいならこうしろ！」といった条件を、なんらもっていない。ただ、だんことして、無条件にわれわれに服従を強いるのである。まさに、無条件絶対の、だんこたる命令なのである。そしてそれが、外からの、たとえば強い権力をもった王侯君主とか、上官とかからの絶対的命令ではなく、わが心のなかからわきでてくる声なのである。ふしぎなこの声の源泉は、いったいどこなのであろうか。カントは、このような、内なる声を、「義務」ないし「道徳法則」(あるいは「道徳律」)とよんだ。カントは、幼少のころから、この、内心の声にたいする強い感受性を、ひとしお敬虔な母から、うえつけられたのであった。カントは、星のかがやく空を仰ぎみ、人間のはかない有限に比して、宇宙が広大無辺なのに驚嘆するのだった。しかし、他面、内なる道徳律にふれ、そのつど、つねに新たにつのってくる感歎と崇敬の念とに、みたされるのであった。「義務よ！　なんじ崇高にして偉大なる名よ」と、カントは、この義務の声をあがめ、その力をたたえるのである。「なんじは、人の気に入りそうなものを、何ももっていないで、服従を要求する。しかも、意志を動かして服従させるために、なにかでおどしをかけ、いかにもいやな思いをさせておののかせるようなことを、すこしもしない。そして、ただ法則を提示するのである。義務のこの法則は、ひとりでに心にはいってきて、いやでも尊敬させずにはおかない……。あれこれをしたいというすべての気持ち（性向）は、この法則にひそかに反抗しながらも、その前では沈黙してしまうのである。このような高貴ななんじにふさわしい、なんじの源泉は何であるのか。あれこれをしたいという性向とのいっさいの血縁関係を、誇らしげに拒絶する、なんじの高貴な素性《すじよう》の根元は、どこに見いだされるのか。」

凡人は正しいのだが

こうしたい、ああしたいという欲求（性向）とは素性のちがった義務の声（「良心の声」といってもよかろう）は、いってみれば、疑うことのできぬ道徳的事実である。もちろん、それは、自然の世界にあるような事実ではない。しかし、それらとは素性のちがった、疑うことのできない事実なのである。人はだれでも、人間である以上、こういう道徳的事実に、義務の声に、つきあたらないわけにはいかないであろう。

なんびとにとっても事実である以上、それは、ごくふつうの人（凡人《ぼんじん》）にとっての事実でもある。それどころか、カントによれば、凡人は、道徳的な判断において、きわめて正しい。それは、哲学者以上に正確でさえある。というのは、哲学者は、あれこれのことを知っているため、かえってあれこれと論議し、けっきょく、ことの正邪をきめがたく、きめえないのである。これに反し、凡人は、なにが正しく、なにが正しくないかを、きわめて正確にあてるのである。自然科学上の理論にかんしては、こうはいかない。凡人は、太陽が、毎日、東から出て、西へはいると考えている。正しい知識のみが、地球が太陽のまわりをまわっているのを知っている。しかし、道徳のことにかんしての凡人の判断は、人を驚かすほどに、きわめて正しいのである。

それならば、なにもわざわざ道徳哲学などをつくる必要は、ないともいえる。平凡な人が、ちゃんと、ことのよしあしをみわけるとするなら、道徳哲学などというものは、かえって人をまどわすものではなかろうか。道徳哲学などで、平凡人のしあわせな素朴さを乱さないほうが、よいのではなかろうか。しかし、凡人は、無邪気でおめでたい、とカントはいう。かれらは、何をなすべきか、また、何をなすべきでないかを、はっきりと、明確に自覚しているわけではない。したがって、誘惑におちいらないよう、安全に保護されてはいない。そのため、困ったことには、ああしたい、こうしたいという欲求ないし性向に誘惑される。そうなると、あの道徳の命令は、ようしゃしない。ますますきびしく、欲求に左右されたり、この世の幸福にあこがれるような態度をだんこ拒否し、道徳的な考えかたにしたがうよう要求する。そこで、凡人は、どうしていいかわからなくなって、道に迷うのである。あげくのはて、あれこれ理くつをこねて、しらずしらずに誘惑にまけてしまうのである。そして、義務の法則を根底からくつがえし、その法則の尊厳をぶちこわしてしまうのである。

そこで、カントによれば、なんとしても、道徳の学問が必要となってくる。凡人が、誘惑されたり道に迷ったりしないために、義務の原理、道徳の法則を、はっきりとさせ、それを自覚させることが大じなのである。それは、人間が、人間らしく、正しく生きるためには、どうしてもなくてはならないことである。道徳哲学は、ものずきや哲学者のたわごとではなく、なんびとも が、正しく生きるために、欠くことのできないものなのである。カントの『道徳形而上学原論』や『実践理性批判』は、そういう、人間にとって不可欠の本として、つくられたのである。

二つの世界にまたがる人間

げんぜんたる道徳的事実、すなわち義務の命令は、ああしたい・こうしたいという欲求や、地位・名誉・富などのこの世の幸福を追い求める態度とは、根本的に素性のちがうものであった。欲求や幸福を求めれば求めるほど、義務の声は、ますますきびしく、だんことして迫ってくるのであった。それは、およそ人間であるならば、だれでもが従わなくてはならない声であった。カントは、そのような声を、人間のみにあたえられた理性の声と考えた。

動物は、本能や衝動のままに動くにすぎない。人間も、一面、動物である以上、本能や衝動をもっているし、それにもとづく欲求をみたそうとする。それどころか、悟性とか理性という考える力にめぐまれた人間は、それを利用して、この世でできるだけの欲求を満足させようと、あれこれ考えをめぐらすのである。なんとかたくみに世に処し、地位や名誉や富をえようとする。すなわち、この世の幸福を追い求めるのである。こういうことにたくみな人は、いわば、りこうで、世わたりの上手な人である。しかし、りこうで世わたりの上手な人は、かならずしも善き人ではない。「目から鼻へぬける」ようなぬけめない人は、かえって好感をもたれない。こういう人は、ときにはうまくたちまわり、ずるくて悪がしこいことすらある。

　しかし、人間は、たんに欲求や幸福を追い求める、りこうで知恵のすぐれた動物であるだけではない。たしかに、知能のすぐれた人間は、考える力（悟性）によって、感覚的・経験的なものをまとめあげて、すばらしい自然科学をつくりだした。それにもとづいて、すばらしい技術文明を生みだした。そしてそれを利用して、この世の幸福を追い求めた。だが、人間は、他面、それらとはまったく素性のちがった理性の声にせっする。そして、それは、幸福を追い求めるわれわれに、げんぜんとした命令として、せまってくるのである。この無条件絶対で、かしゃくするところのない命令が、義務の声なのである。つまり人間は、一面、欲求や幸福を求めてやまない動物的存在である。そして同時に、他面、それとはちがい、それをこえ、ときにはそれの否定をさえ命ずるような、高い世界にせっしているのである。そういう超感性的・超経験的な世界に人間をふれさせ、そういう世界へと高まっていくところに人間の本質があることを知らせる能力、それをカントは理性とよんだ。純粋な理性の使命は、ここにあるのであって、幸福追求のための思考的道具たることにあるのではない。一方、幸福を追い求めてやまぬ欲求と、他方、人間のまことの本質を人間に自覚させる理性。いわば人間は、こういう二つの世界、二つの考えかたの衝突のなかに立っているのである。しかし、後者、すなわち、真《ま》人間を自覚させようとする理性は、幸福を追求し幸福を人生の目的としようとする考えかたにだんことして迫り、そういう考えかたを捨てるよう迫るのである。そこで、理性の声、理性の要求は、人間においては、無条件の命令という形をとるのである。じつは、それが、義務の声であり道徳的命令であったのである。われわれ人間における道徳的事実、疑いえぬ義務の声というのは、じつはこういう事実であったのである。

常識から形式的原理へ

ある人が、カントの『実践理性批判』にたいし、「この本には、なんの新しい道徳原理ものべられていないではないか」と評して、非難した。「まさにその通り」と、カントはこたえた。「わたしは、道徳の新原理などをもちこもうとするのではない。およそ、いままで、義務のなんであるかにかんし、世間が無知であるか、あるいは誤りをおかしていたばあい、はじめて、わたしは、道徳の最初の発見者としてあらわれることができる。だが、世間は、道

書斎のカント

徳にかんして正しい判断をしていた。だから、わたしは、どうも道徳の新原理などを提案しようとするのではない。問題は、常識がとらえている道徳の命令を、はっきりと、新しい方式として自覚にもたらすまでのことである。」（意訳）

このことは、平凡人の常識のなかに、道徳的判断の正しさをみたカントとして、とうぜんのことであったといえよう。ようするにカントは、平凡人のもっている道徳的な事実ないし常識を洗いきよめて、純粋な形でとりだそうとした。そういう純粋な道徳の原理ないし方式をはっきりと自覚させることによって、平凡人が迷ったり誘惑されたりすることのないように、しようとしたのである。

では、道徳の新しい方式ないし原理とは、何であるのだろうか。だんことして、きびしく人間に迫ってくるこの原理ないし命令は、それが原理であり、無条件的な命令である以上、自然科学の法則と同じように、普遍性と必然性とをもっていなくてはならない。すなわち、だれにでも通用し、かならず通用しなくてはならない。そういう理性的要求（理性の実践的な要求、あるいは、実践理性の法則）は、なんであろうか。義務は、なにゆえに、だんことして万人に迫るのであろうか。

カントによれば、われわれ人間の行為は、なにかを目ざしている。その目ざされたものは、人によって異なっている。人はいっぱんに幸福をめざしている。しかし幸福の内容は、具体的には、人によって異なっている。そして、あるものが目ざされたのは、それが、当人にとって快楽をあたえるからである。つまり、なにかを目ざすある人間の行為は、その人の快・不快の感情、自愛、幸福欲（それらは経験的なものである）

をよりどころにしている。ある個人にとっての快楽や幸福のために、あることが目ざされ、ある行為がなされている。だから、「(快楽や幸福のために)あることをなせ！」といった原理ないし命令(カントは、これを「実質的実践的原理」とよんでいる)は、その当の個人には通用し、なくてはならぬものではあっても、万人に通用する必然的なものであることはできない。それは、「快や幸福を求めるなら、こうしろ！」という、条件づきのものである。しあわせに、たくみに世をわたるための、忠告にすぎない。したがって、だんことして(断言的)、条件なしに(無条件的)、万人に迫る(万人に通用し、通用しないではおかない)義務の命令であることはできない。われわれに迫ってくる義務の命令が、そういうものとはまったく素性を異にしていることは、すでにふれたごとく、常識がつとに身にしみて体験していたところであった。

　義務の義務たる本質は、あれこれのめざされたものという、内容ないし実質にあるのではない。とするならば、それは形式よりほかにはない、とカントは考えた。さきに、『純粋理性批判』において、感覚的多様をまとめる感性的形式(時間・空間)や、それを考える力としての悟性の形式(型・カテゴリー)が、ア＝プリオリ(経験をこえるもの、経験をつくりあげる経験以前のもの)であることにふれた。ア＝プリオリな形式として万人のなかにあったから、この形式によってまとめられ、考えられたものが、みんなに通用し(普遍性)、かならず通用すべき(必然性)ものであった。いまここで、内容や実質をこりょうする必要のなくなった理性(純粋な理性、幸福のために利用されてはいない理性そのもの)が要求することは、ただ、普遍的な形式(だれにでも通用すべきだという形式、なんびとにも行使さるべき義務であるという形式)よりほかにはない。このように考えたカントは、義務の義務たる本質を、この、普遍的な形式においたのである。義務が義務として、われわれ人間にだんことして無条件に迫ってくるゆえんは、それが、だれにでも通用し、まさにだれにでも通用すべきことだからである、とした。

そこで、純粋な理性の要求するところ、すなわち最高の道徳法則は、こうなる。「なんじは、なんじのやろうとしていることを、いま、だれが行なってもふさわしいことであるかどうか、つまり、なんじのやろうとしていることが普遍的に妥当するかどうかを考え、そのような基準にかなうよう行為せよ！」と。これが、じつは、ごくふつうの人が、道徳的な善悪を判断したり、何をなすべきかをきめたりするばあい、いつも眼前において使用していた正しい尺度の内容なのである。カントは、ふつうの常識を、明確に方式化したまでにすぎない。

理論と実践

ここで、わたしたちは、最高の道徳原理というものが、理論的な原理とたいへん異なっているのに気づくであろう。われわれが、理論的ないし自然科学的な知識をつくりあげるばあいには、外からあたえられてくる感覚的なものを欠くことができなかった。そういう感覚的材料なしに、悟性がかってに、ひとりで活動（思考）したところに、悟性は独りよがりの誤りをおかした。つまり、悟性や理性が純粋に（独りで）ことをなすところに、誤りがあった。それゆえ、純粋理性ないし純粋悟性が批判されて、正されなくてはならなかった。つまり、悟性や理性は、感性との共同によってのみ、みずからの活動や仕事をなしうるのだという、みずからの分限ないし権限をよく反省し自覚しなくてはならなかった。『純粋理性批判』は、悟性や理性の限界を、はっきりさせることであった。つまり、悟性や理性は、感覚的な材料なしには何ごともなしえないし、なしてはならないこと、逆にいえば、そういうわく内でのみ発言力ないし創造力のあることを、明確にすることであった。

ところが、道徳的実践においては、事情はまったく異なっている。ここでは理性は、感性的な本能・衝動に影響されたり、それの道具となってはならない。それこそ、純粋に、ひとりで、人間の意志に働きかけ、人間の意志を動かさなくてはならない。人間の意志は、ある行為をしようとする働きである。ある行為であるかぎり、それは、目的をもっているといえよう。カントは、個々人の意志がめざす目的を、格率《かくりつ》とよんだ。格率というのは、個々人の意志の主観的な原理（こうしようと思うこと）である。そこで問題は、カントによれば、個々人がこうしようと思う主観的原理、つまり格率が、いつでも同時に理性的でなくてはならないことである。つまり個々人のめざす行為が、同時に、だれにでも通用するものでなくてはならないのである。人間としてなすべき行為として、だれにも恥じることのない、堂々たる行為でなくてはならないのである。このことは、人間が、みずからの快・不快の感情とか、みずからの幸福追求とかに耳をかしたり、左右されたり、動かされたりすることなく、ひたすら理性のいうこと（普遍的であれ！　だれにでも通用するように行なえ！）にしたがうことである。人間の本質を人間に示す機能ともいうべき理性は、ただひとりで、あるべき人間の姿を、提示するのである。理性は、およそ人間の意志ないし行為が、いかにあるべきかを指示するのである。

だから、道徳的実践においては、批判されなくてはならないのは、純粋な理性(純粋実践理性)ではない。批判さるべきは、たえず快・不快の感情とか幸福へのあこがれとかに、心ならずも誘惑されたり、それに耳をかたむけたり、ときにはそれの道具とさえなってしまう理性である。いわば、本能・衝動の強さにまけてしまう弱い実践理性であり、不純な実践理性であり、さらには、みずからの使命をはきちがえて、道具になりさがってしまっている実践理性である。したがって、快苦や幸福とのくされ縁をもつ実践理性を批判して、純粋な理性を輝かせ、その栄光をたたえることである。これ、ここでは、「純粋実践理性批判」ではなくして、『実践理性批判』となったゆえんなのである。『純粋理性批判』という名に相応させて、「純粋実践理性批判」という名を連想するごときは、理論と実践とのありかたの違いを、じゅうぶんに自覚していない証拠であろう。

自由の自覚

ところで、ここで大じなことは、理論(自然科学)ではゆるされなかった「自由」が、道徳法則を手づるにして、自覚されてくるということである。人が道徳的事実にふれ、どんな幸福にも介意《かいい》しない道徳律ないし義務に迫られるとき、それを通して、みずからの本質に生きる自由が自覚されてくるのである。自由とは、みずからの欲望にふけったり、世俗的幸福を追求するようなことではない。そのようなことは、カントによれば、われわれの欲望のとりことなっている不自由であった。われわれが道徳律ないし義務の意識に迫られるとき、われわれは、そこに、欲望から解放されて、人間の本質である理性によって生きようとしている自己をみるのである。欲望にとらわれないで、人間たる本質に生きようとしている自由な自己を知るのである。カントのばあい、自由とは、みずからの本質をあらわすことである。われわれは、道徳律によって、そのような自由な自己を自覚する。そして、そういうまことの自己（自由）があればこそ、この自己は、欲望にとらわれている不自由な自己にたいして、だんことして、真《ま》人間であるようよびかけるのである。そのよびかけが、道徳律にほかならない。

しかし、このことは、あくまで道徳的・実践的立場において自覚されたことである。わたしたちは、このことによって、自然科学的な理論が拡大されたと考えてはならない。なんら感覚的・経験的なものをもたない自由にたいし、それを自然科学的にうんぬんすることは、ゆるされないし、また、できない。しかし、自然科学的な立場とはちがった意味において、道徳や義務が疑いえぬ事実であるとするならば、それを介して自覚される自由もまた、疑いえぬものである。われわれは道徳律を介して自由を自覚する。そして、じつは、われわれが自由の立場に立つがゆえに、そこから、欲望にとらわれた不自由にたいし、道徳律が下されるのである。

善意志

道徳の最高原則においては、「何をなすか」が問題なのではなく、「いかになすか」「どのような態度、どのような考えかたにもとづいてなすか」が問題であった。つまり、「われわれの目ざすことが、同時に、だれでもがなさなくてはならない行為であるという基準に、かなうように行為する」という、態度（形式）が問題であった。なんらか、あることをやろうとしている人間の意欲ないし意志は、この形式にかなうことによって、はじめて、道徳的に善き意志という資格を、得るのである。いうまでもなく、この形式（法則）にそわない意志が、悪である。カントによれば、善きもの、悪しきものがまずあって、そののち、道徳法則が、つまり善きものをなすようにとの道徳律が、定められてくるのではない。逆に、まず、さきの道徳法則があって、そののち、善や悪がきまってくるのである。

とうぜん、この善意志は、無条件で絶対の道徳法則に規定されたものとして、無条件に善といわれるものである。カントは、『道徳形而上学原論』第一章のはじめにおいていう。「この世において、それどころかこの世以外においても、無制限に善とみなされうるものは、善意志よりほかには、まったく考えられない」と。

理解力・才気・判断力などにおけるすぐれた才能、また、勇気・果断・堅忍《けんにん》不《ふ》抜《ばつ》といった性質、それらは、たしかに望ましく善きものである。権力・富・名誉・健康・安泰《あんたい》などといった、この世の幸福も、たしかによきものであり、望ましいものである。しかし、これらのよき望ましいものも、もしそれらを使用する意志が善でないとするならば、とんでもない、望ましからぬものとなるのである。才能にすぐれ、勇気や果断のある泥棒《どろぼう》が、どんなにおそろしいかは、人の経験するところであろう。権力・富・名誉・健康などをあてがわれた政治家が、もし善意志を欠くばあい、どんなことをしでかすかは、またよく人の知るところであろう。

善意志は、人間にそなわるいっさいの諸性質や諸才能、またわれわれに与えられているいっさいの幸福など、それらのうえに高く超越《ちょうえつ》して光を放つものである。したがって、善意志の善なるゆえんは、われわれに有用であるとか、われわれの幸福のためによい結果をもたらすとかにあるのではない。善意志は、それだけで絶対の価値をもつのである。目ざされている目標、望まれている成果、遂行成就される結果、それらがどうあるかにかかわらず、善意志は、それだけで光りかがやくのである。

人間の自覚

さきにもふれたごとく、人間は、二つの世界にまたがる存在であった。すなわち、一面において、人間は、本能や欲求に支配される動物的な存在であった。したがって、もし、人間が、たんに動物的な存在であるだけなら、そこには、道徳も義務もなかったであろう。人は、ただ、動物のごとく、本能や衝動のままに動くにすぎなかったであろう。このばあい、人間という動物が、とくに知能にすぐれ、悟性や理性をあたえられていたとしても、それらは、本能や衝動をよりよく満足さすための道具にすぎなかったであろう。悟性や理性は、人間が、欲求を満足させ、この世の幸福をうるために尽力することはあっても、欲求充足や幸福を目ざす態度そのものの是非を、うんぬんすることはなかったであろう。

しかし、他面において、人間は、動物的な欲求とか、この世的な幸福とかをこえる存在であった。欲求や幸福追求とは素性のちがう声（義務の声、道徳的なよびかけ）に接し、そこにこそ人間のほんとうの姿をみる存在であった。したがって、その声は、ときには、この世の幸福や生の欲求をさえ捨てさることを、だんことして要求するのだった。

　といっても、この世に生をうけた人間は、生きるかぎり、生物的・動物的な立場から解放されてあることはできなかった。欲求をもたないわけにはいかなかった。生きているということは、いいかえれば欲求的な生を送っているということなのだから。したがってまた、頭脳のすぐれた人間は、すぐれた知能をはたらかせて、この世の幸福（この世の快楽）を求めてやまないように、いわば運命づけられている。

　もし人間が、たんに神さまのような存在であったら、人間は、なんら苦悩することはなかったであろう。「心の欲するところにしたがって矩《のり》をこえず」（中国の孔子の言）といった境地にあることができたであろう。しかし、ともかくも、この世に生きている人間には、このような境地はゆるされなかった。それゆえ道徳の法則は、人間においては、いつでも、「かくかくすべし」という命令、しかも「だんじて、条件なしにかくかくすべし」という命令（断言的命令、無条件的命令）となるのである。容赦のない義務の形をとって、人間に迫ってくるのである。「べし」という命令は、事実においてそうでないからこそ、そうあるよう命令するのである。したがって、純粋な道徳的境地、純粋な善意志は、われわれ人間にとっては、まさにあるべき姿、まさに高まるべき永遠の課題ともいえるであろう。われわれ人間には、「心の欲するところにしたがって矩をこえず」といった境地にむかって、永遠の精進《しょうじん》をすることのみが許されている。そのような境地が、現実の世においてあるかのごとく、またそのような境地へ達することができるかのごとく考えるのは、みずからを知らない人間の傲慢《ごうまん》というべきであろう。

わたしたちは、このようなカント的人間観のなかに、あの、キリスト教的な原罪観を、よみとることができるであろう。

最高原理を分かりやすくいえば

カントは、あるおぼえ書きのなかでいう。「無秩序と混とんたる雑多とがみとめられるにすぎなかったところにおいて、ニュートンがはじめて、きわめて単純な秩序と規則正しさとがあるのを見出した。それいらい、彗星《すいせい》は、幾何学的な軌道を走ることとなったのである。ルソーは、雑多な、いつわりの人間的形態の底に、深くひめられた人間の本性と、隠された法則とを、はじめて発見したのである」と。ニュートンは、自然の世界の秩序と規則とをあきらかにした。それにたいしルソーは、現実の世のこのいつわりの姿の底に、真実の法則のあることを教えたのである。腐敗だらくしたこの世ではなく、いずれもの人間がひとしく尊さをもち、互いが互いをみとめあう自由・平等の秩序こそ、ほんとうの人間の姿であることを教えたのである。それは、道徳法則の命ずる秩序であるといえよう。

カントは、この最高道徳法則を、現実の平凡な人間にわかりやすくするために、いろいろといいかえた。最高道徳法則は、命令した。われわれのやろうとしていることが、いずれもの人のなすべき行為でなくてはならない、と。この点（普遍性という点）に注目して、カントはこういいかえた。「なんじのやろうとしていることが、自然法則のごとくに、みんなに通用する原則となってよいかどうかを自問して、行為せよ！」

と。たとえば、金に窮したばあい、返却できないと知りつつも、一定の期限までには必ず返すといういつわりの約束で、金を借りようとする。こんなやり方が、一般的な自然法則のようになったら、だれも金を貸さなくなる。したがって、みずから行なおうとしているいつわりの約束も、なりたたなくなる。つまり、さきのやり方は、自然法則のごとき、普遍的な原則となることはできず、悪である。

また人間は、二つの世界にまたがるものであった。この現実の世に生き、快や幸福を求めながらも、それをこえる、いわば神的な世界に接していた。自然法則の支配する世界とは違った、高い立場（自由の立場）に立ちうる存在であった。この高い立場は、人間のまことを指し示した。ここから、この世の快や幸福を求めてやまない人間にむかって、道徳の法則、義務の命令は、下された。高い立場は、いってみれば、人間のなかの人間らしさ（人間性）であり、人格をして人格たらしめているもの（人格性）であろう。人間のなかに、真《ま》人間の姿として照らしだされたものともいえよう。人間が、この世で共同生活をするかぎり、人はおたがい、他人にものを願ったり、他人を使用したりする。しかし人間は、人間をして人間たらしめる尊い立場、高い立場に立つことができる存在であった。そのかぎり人間は、たんなるものではない。とりかえられたり、価格で売買されるにすぎないような、品物ではない。人は、おたがい、使い使われながら、頼み頼まれながら、いつでも同時に、おかすことのできない価値・尊厳をもっている。こういう絶対の価値ないし尊厳をもった人間こそ、さきの道徳法則のにない手といえよう。それゆえに、人間は人格とよばれ、たんなる動物や物件とは区別されるのである。そこで、カントはいう。「みずからを、また他人を、たんに道具や奴隷のように取りあつかってはならない。おたがい使い使われながら、いつでも同時に、自・他の人格を尊敬して、人間らしく取りあつかい、人間らしく接しなければならない」と。道徳法則のこの様式は、カントの人格主義をあらわすものといわれた。また、一九世紀、新カント学派のコーヘンは、この様式のなかに、ドイツ社会主義の理論が表現されているといった。わが和辻哲郎は、この様式のなかに、倫理（人と人との間がらのすじみち）の根本原理を、よみとろうとした。

　さらにカントは、おのおのの人が、あの最高道徳法則にしたがい、自・他の人格を相互に認め、相互に尊敬しあう社会を、「目的の国」とよんだ。おのおのの人間は、それぞれ特殊の目的をもっていた。そして、特殊の目的をめざす人格そのものは、おたがい、使い使われながらも、つまり手段にし手段にされながらも、いつでも同時に、もはやなにかの手段ではない目的そのものとして、尊敬されなくてはならなかった。目的そのものとしての人格、そしてまたこの人格がめざす特殊の目的、それらすべての目的が、上述の道徳法則によって統一されているのが、目的の国である。それは、道徳法則によってみずからを正す、理性者ないし自律者の共同態といえよう。目的の国は、いわば市民社会のあるべき姿といえよう。したがって、ここで、道徳法則は、「目的の国をつくりあげるように行為せよ！」という様式に、いいかえることができる。このような「目的の国」というコトバは、市民社会に生きるものにとって、ゆたかな、わかりやすい考えかたといえよう。

尊敬の情

この世に生きるものとして、われわれ人間は、欲求をたちきることができなかった。欲求には、快・不快の感情が結びついていた。この感情こそ、欲求の中心であったのである。欲求にもとづく、あるいは、この世の幸福を目ざす行為の動機は、じつは、この快・不快の感情であった。感情というものが、実践においてもつ大きな力については、いまさらいうまでもない。あらゆる行為は、感情がそれに結合し、なんらかそれに作用をおよぼすということなしには、不可能であろう。

さてそれでは、だんことして服従をしいる道徳法則は、欲求と結びついているこの快・不快の感情にたいして、どういう影響をあたえるのであろうか。

欲求のままに、あるいは幸福を追い求めて生きる人間は、みずからの快楽を求めて生きる自愛的人間であった。さらには、この自愛こそ最高のものとうぬぼれている、不遜《ふそん》な人間であった。そういう人間のありかたは、いまや、だんことして真人間であることを要求する道徳律によって、あるいは支配され、あるいは粉《ふん》砕《さい》されなければならない。そのことは、自愛やうぬぼれの感情にとっては、みずからの面目を失った大きな不快である。ふしょうぶしょうに従わせられる、不満である。真実なるものにふれ、みずからの偽りをばくろされ宣告された不満であり、苦痛である。それは、のがれることも、さけることも許されない苦痛であり、呵責《かしゃく》である。

こうして道徳律は、感情に、不快をおこさせた。しかし、このことは、他面からいうならば、道徳律にたいする尊敬の情にほかならない。利己的な感情的欲求のばっこがおさえられたという不快は、他面からいうならば、道徳律が、積極的な働きをおよぼしたことのあらわれである。そこで、人間は、ほんらいの真の自己を、尊敬の眼をもって仰ぎみるのである。偽りの自己がばくろされた悲しみは、真実の自己を仰ぎみる喜びである。道徳律によっておこされた、卑下することによって高まること、不快を通しての尊敬の情こそ、真の意味において道徳的感情と称さるべきものなのである。それは、はじめに道徳感情のごときものを前提し、その感情が善きこと・悪しきことにたいして反応を示すという、いわゆる道徳感情論とは、根本的にことなるのである。尊敬の情の原因は、あくまで、道徳律にあるのであって、ほんらいの感情に類するような、道徳感情にあるのではない。

「義務よ！　なんじ崇高にして偉大なる名よ！」と、カントは義務をたたえた。「義務の法則は、ひとりでに心にはいってきて、いやでも尊敬させずにはおかない……。あれこれをしたいというすべての気持ちは、この法則にひそかに反抗しながらも、その前では沈黙してしまうのである」と。それゆえ、カントによれば、義務にかなって（適法性）ではなく、義務から行為する（道徳性、真の道徳）ということは、義務の法則にたいする尊敬から行為するということなのである。

われわれが、義務の意識とか、義務感とか、あるいは良心とか、後悔の念とよんでいるものも、この尊敬の情と同じ構造をもつのである。そして、「べし」という断言的な命令の形であらわれる義務とか、卑下することによって高まるという尊敬の情は、有限なる人間の象徴であるであろう。つまり、人間は、一面、この世の快とか幸福とかの追求を最高の目的としようとする、いわばこの世へ堕落した原罪的な存在であった。そのような人間のありかたにたいし、ほんとうのありかたを啓示し、それへ高まるよううながすのが義務であり、尊敬の情であった。したがって、「心の欲するところにしたがって矩をこえず」というごとく、強いられずに、快楽から道徳をなすごとく自称するものがあるならば、それは、人間の分を知らないせんえつである。被造者としての有限な人間の地位を自覚しない、傲慢《ごうまん》である。このような者には、義務感もなければ尊敬の情もない。したがって、その者には、真の道徳は、近よることができないであろう。いやしくも人間らしい人間ならば、義務の意識や尊敬の情を欠くことは、できないであろう。

徳と福との一致を求めて

われわれは、いままで、道徳の最高法則にしたがって行為すること、義務から、法則にたいする尊敬から行為することのなかに、善（徳）をみてきた。逆にいうならば、この世の幸福を最高の目的とするような生きかたを、悪としてきた。

しかし、このことは、善ないし徳が、この世でそれにふさわしく飾られること、つまり、徳と福との調和ないし一致を否定するものではなかった。徳に、それにふさわしい幸福がめぐまれることは、なんびとといえども求めてやまないところであろう。

この、徳と福との一致は、有徳であることがすなわち幸福だというのではない。また、幸福であることに善や徳をみる立場ではない。まして、幸福であれば、徳が生じてくるのでもない。ここでの徳・福の一致においては、まず、善であり、有徳であることが先決の第一条件である。カントは、これを最上の善とよんだ。そして、最上の善としての徳に、それにふさわしい幸福がめぐまれること、それが第二の条件である。このような順序、このような形で徳と福とが結びつくとき、カントは、それこそが完成された善であり、最高の善であるとした。最高の善こそは、われわれにとってももっとも望ましいことであるといえよう。

しかし現実においては、どうであろうか。正なる者がかならず栄えているとはかぎらないし、不正なる者がかならず不幸であるわけではない。むしろ反対に、悪なる者が栄え、善なる人が不幸になげくことこそ、この世のつねでなかろうか。いかに純粋な道徳的心情をもってなされた行為も、この世においては思いもかけぬ結果となり、予期しない不幸にいたることも、わたしたちが日ごろ体験するところである。また、逆に、きわめてずるくて、純なる善意志のうるわしい面影をつゆとどめない者が、なんの障害もなく繁栄していくありさまを見、義憤を感じることもしばしばである。この世においては、徳と幸福との完全な一致のごときは、どこにおいても見あたらない。むしろ、幸福に値しつつもそれにあずからず、幸福に値しないのにそれにあずかる、というのが、この世のつねでさえある。それは、なぜなのであろうか。

たしかに徳は、人間じしんのことである。しかし、徳の結果である幸福は、現実の世界における現象であり、物理的能力のいかんにかんすることである。自然を支配する物理的能力にかんして有限である人間は、たとえ努力のかぎりをつくしても、自然を、完全にじぶんの徳と調和させることはできないのである。そこで、徳と福との結合が不可能であるとするならば、両者の結合においてなりたつ最高善も、不可能なのであろうか。しかしわれわれは、最高善を求めないわけにはいかない。最高善、すなわち徳が完全に実現されること、徳にふさわしいようにこの世のことが運ぶことは、促進されなくてはならない。促進すべきであるがゆえに、促進できるのでなくてはならない。

霊魂の不死と神との要請

ところで、最高善のための、第一の、最上の条件は、われわれの心情が道徳律に完全に一致することであった。まったく純粋な徳にいたることであった。しかしこのことは、有限にして原罪的な性向（根本悪の性向）からのがれることのできない人間にとっては、できないことであった。それは、生存のいかなる瞬間においても所有することのできない神聖の境地であった。にもかかわらず、その境地は、純粋実践理性の原理が、なんとしても達せられなくてはならないものとして要求するところであった。そうすると、この要求は、無限の努力においてのみはたされるであろう。無限の努力ないし進行のためには、われわれ理性者が無限に生きるのでなくてはならない。すなわち、「霊魂の不死」が、欠くことのできないものとして、求められなくてはならない。カントは、道徳的実践のためになくてはならぬ、このような不可欠の要求を、要請《ようせい》とよんだ。純粋な徳は、それが可能であるために、霊魂の不死を要請しないわけにはいかなかったのである。道徳法則の命令が、容赦することのないげんぜんたるものである以上、どうしても霊魂の不死は、要請されなくてはならないのである。

有限なる人間は、みずからの真実にふれ、自己の有限、自己の罪の深さになげくのである。罪深いみずからを自覚して苦悩し、たちきりがたいこの世の幸福への執着《しゅうちゃく》にもがくのである。しかも、真実のよびかけをうけ、決然として真実を求めて努力するとき、人はそこに、かえってみずからの無限（不死）を確信するにいたるのである。

しかし、最高善の第二の条件である「徳と徳にふさわしい幸福との一致」、すなわち、徳をこの世において実現すること、自然を道徳的原理と完全に調和させることは、人間には不可能であった。人間が、この現実、この自然を思いのままに支配することができないがゆえに。しかし、この一致は、果たされなくてはならない。最高善は実現されなくてはならない。われわれは、最高善の促進に努めなくてはならない。とするならば、最高善は可能でなくてはならない。そこで、われわれは、この一致としての最高善を可能にするような存在、すなわち、徳にふさわしい幸福をめぐむような存在を、要請しないわけにはいかない。これこそ、自然にかんして全知全能である神である。こうして、自然の創造者としての神を要請することによって、徳に調和した幸福はえられ、最高善は可能となるのである。人は、人事をつくして、しかもつくしえない自己をなげくとき、かえってそこで、「人事をつくして天命をまつ」の境にふれるのである。天助としての神を望むことがゆるされるのである。あらんかぎりの努力をするとき、みずからの物理的能力のうちにないものが、より高い存在である神の協力によって補われるのを、望みうるのである。それこそは、純粋理性の信仰とも称しえよう。ここから宗教への道も通じるであろう。

カントは、さきにふれたごとく、哲学の関心の第一を、「人間は何を知りうるか」にみた。そして、それは、『純粋理性批判』において答えられた。関心の第二を、「人間は何をなすべきか」にみた。それは、

『実践理性批判』の、いままでみてきた論によって答えられたであろう。関心の第三は、「人間は何を望むことが許されているか」ということであった。それは、宗教の問題である。わたしたちは、いま、それが、道徳を問題にすることによって答えられたのを知るであろう。カントにおいては、神は、道徳を通して導かれてきたのである。われわれが、道徳に生き、道徳にてっするとき、そこに神はみられてくるのである。カントの宗教は、道徳的宗教ともいうべきものであったのである。

最高善は、うるわしき道徳的秩序が、それに相応する幸福によって飾られる「神の国」とも考えることができよう。ここにいたって、また、あらゆる義務は、「神の命令」として、自覚されるにいたるであろう。神がこの世界を創造した最終の目的は、世界における人間の直接的な幸福ではなくして、徳にふさわしい幸福、徳に値する幸福ということであった。すなわち、最高善であったのである。

新しい形而上学

自由、霊魂の不死、神、それらは、人間が、関心をよせないではいられない、形而上的な問題であった。しかし人間は、人間が考えないわけにはいかないこういう問題を、自然科学的な理論ではとくことができなかった。古い形而上学は、独りよがりの夢にふけって、こういう形而上の問題を理論的にうんぬんし、あたかも自然の対象のごとくに実在すると考えた。そして、独りよがりの、間違った形而上学をつくりあげ、形而上学なるものの信用を失わせてしまった。

しかし、いま、疑うことのできない事実としての道徳を問題にすることによって、自由や、霊魂の不死や、神の存在が確信されるにいたった。考えないわけにはいかないが、科学としてとくことのできなかった形而上的なものが、いま、そのところをえたのである。道徳的実践の立場によって、形而上学が、可能となってきたのである。カントは、ここに、道徳の立場にたった新しい形而上学を、つくりあげたのである。新しい形而上学は、道徳の立場において、可能となったのである。

しかし、誤解してはならない。なるほど新しい形而上学において、自由や、霊魂の不死や、神の存在が確認された。が、そのことによって、自然科学的な知識が拡大されたかのごとく考えてはならない。感覚的・経験的なものをなんらもたない自由や、霊魂不死や、神は、自然科学の対象となることはできない。したがって、新しい形而上学によって、自然科学的な知識は、ごうも増大することはないのである。

にもかかわらず、カントによれば、人間が道徳的事実を否定しえぬかぎり、自由はなくてはならない。また、霊魂の不死や神は、要請されないわけにはいかないのである。敬虔なピエチスムス的道徳に生きぬいたカントは、こう考え、こう確信しないわけにはいかなかった。

道徳と自然との調和
――『判断力批判』――

素性《すじょう》のちがう二つのむすびつきは？　自然と道徳、すなわち、理論理性が問題にする対象と、実践理性がかかわる対象とは、まったく素性のことなる別種のものであった。しかし、カントにとって、二つの世界、二つの立場は、まったく別のものとして、かかわりのないものではなかった。また、そうであってはならなかった。実践理性は、理論理性を支配しなくてはならなかった（実践理性の優位）。道徳は、その目的を、自然において実現しなくてはならなかった。つまり、道徳の世界における自由の法則は、自然界の因果のなかで、みずからをあらわさなくてはならなかった。

そうとするならば、機械的な因果律によって規定されている自然界が、道徳法則のめざす目的をうけいれ、その実現を可能にするようになっていなくてはならない。もともと自然界は、機械的な因果にもとづいており、したがって道徳とはまったく素性のちがうものであった。それにもかかわらず、道徳と調和し、道徳に適合するようになっていなくてはならなかった。そうでなくては、素性のちがった二つの世界は、かかわりようがないし、道徳的自由は、実現されるすべがない。

はたしてわれわれは、自然の対象のなかに、このような、目的にかなった姿（合目的性）を、みいだすことができるであろうか。

カントは、自然のなかに合目的性がみられるとすれば、それは、反省的判断力によるものであるとした。反省的判断力というのは、科学的理論や道徳的判断のばあいのごとく、すでにある普遍的原理によって特殊なものを判定するごとき、判断力のことではない。反省的判断力は、特殊なもの相互の連関をさぐり、その統一を求めていくような作用をする能力である。このような反省的判断力は、いま、ここで、自然のなかに、目的にあっている（合目的性）と思われるような姿を、みいだそうとするのである。あたかも、目的にかなっているかのごとき自然を、考察しようとするのである。したがって、じっさいに合目的性があるかどうかを、うんぬんするのではない。自然のなかに、ある創造者の意図がじっさいにみられるとか、自然のなかに、理論的に合目的性が認識できるなどというのは、古い形而上学がおかした誤りをおかすことになる。

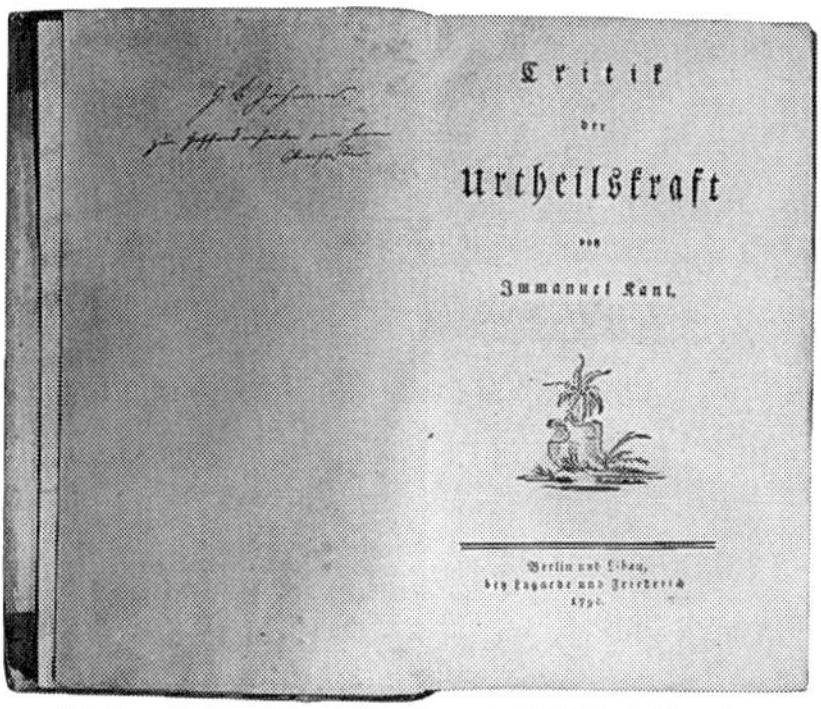

弟子のヤハマンにおくった『判断力批判』
（左のページにカントの署名がみられる）

それでは、経験的な自然の対象のなかに、目的にかなっていると思われるような姿が、みいだされるであろうか。カントは、美や崇高といわれるもののなかにおいて、また、有機体のなかにおいて、このような合目的性をみたのである。

美しいもの

美しいものは、われわれに快の感情をおこさせる。しかし、この快の感情は、欲望の満足による快の感情ではない。欲望による快の感情は、われわれが、欲望の対象をじぶんのものとしたときの、満足の情である。しかし、美のばあいの快は、そうではない。たんに対象をみることによって、快適なのである。すなわち、対象の姿、対象の形式そのものが快をあたえるのである。それは、なぜであろうか。

感覚にあたえられるものをまとめて、一つの像（姿）をつくりあげるごとき力が、さきに（『純粋理性批判』）みたごとく、構想力であった。悟性は、それを概念的に考えていく力であった。感覚的にとらえられた自然対象の姿ないし形式が、考える力としての、超経験的な悟性の働き（形式）にかなっている（合目的である）とき、そこに美がみられ、そこに美的快感がおこるのである。つまり、自然の対象が、いかにもまとまりよく、とらえられやすいようにみえるとき、だれにも美しくみえ、快適の感をおこさせるのである。それは、いいかえるならば、構想力と悟性との調和した状態である。反省的判断力は、自然の姿（じつは、その姿をつくりあげている構想力）のなかに、概念ないし原理の能力である悟性に適合している状態をみる。そして、そこに美的快感がよびおこされるのである。美しいものは、こういう合目的性をあらわしているのである。こういう美しいものにかんする快感には、なんの欲望的な関心もない。美しいものにかんしては、なにか客観的一般的な原理があるわけではない。しかも人は、まとまりのある自然の対象（すなわち、構想力の働きと悟性の働きとの調和）のなかに、いわば共通感官によってのごとく、ひとしく美的快感をおぼえるのである。美しいものこそは、欲望的関心なしにひとしく人をひきつけ、超経験的な形式に適合するものとして、いわば道徳のシンボルであり、道徳を促進するであろう。

崇高なるもの

崇高といわれるものは、美といわれるものとは、およそ逆の対象において感じられるものである。

仰ぎみることさえできないほど高くそびえた山やま、おそいかかるような巨岩、怒濤さかまく大海など、それらは、およそわれわれの構想力を絶するようなものである。われわれが、そこに、なにかまとまりのある姿をとらえようとしても、それがゆるされないような光景である。人は、そこに、崇高を感じるのである。それは、われわれの気分を快適にして生命を促進するどころか、生命を瞬間的に阻止さえする。われわれは、そこで、感性的存在者としてのみずからの無力を感じないわけにはいかない。しかし、みずからの無力感を通して、かえってわれわれのなかに、このような自然をさえこえる超感性的な理性が、感知されるのである。巨大な自然に接し、かえってこのような自然にさえとらわれないで、自由に自然を支配すべき、われわれの人格にふれるのである。そしてそこで、阻止された生命が、かえっていっそう強く、ほとばしりでるのを感じるのである。およそ構想力の働きに適合しないような光景が、超感性的な理性能力ないし人格を感知させるのである。そこに崇高の感情が生まれてくるのである。構想力の目的に反するような姿は、それがかえって理性を感知させることによって、理性の働き（道徳）に適合してくるのである。

有機体の合目的性

さらにわれわれが、自然のなかの有機体をみるとき、それは、たんなる機械論的な自然法則だけによって規定されているとは、考えられない。有機体においては、全体と部分、部分相互は、いかにも目的によって結びつけられているように、巧妙に関連しあっている。有機体のなかには、何ひとつむだなものはなく、全体と部分とが、たくみな統一をたもっている。それをみれば、われわれは、どうしても、ある目的をもって有機体がつくられたと考えないわけにはいかない。そう考えることによって、有機体は、よく理解されうるのである。

しかし、もちろん、このばあいも、われわれは、じっさいに有機体の底に目的があり、創造者が存在するなどと主張してはならない。それは、われわれの認識能力をこえたことである。ただわれわれは、あたかも有機体の根底に目的があり、それによって有機体がつくられたかのごとく考えないわけにはいかない、というだけである。反省的に、有機体がいかにも目的にかなうようにつくられているとみなすことは、ごうも、自然科学的知識を拡大することではない。

自然の最終目的

わたしたちは、有機体のなかに、目的が考えられないわけにはいかないことを、みてきた。わたしたちは、もちろん、自然の全体を、一つの大きな有機体と考えることはできないであろう。しかし、自然界の一部に有機体があり、それをみれば、目的をもってそれを創造したものがうかがわれるのであった。そうであるなら、わたしたちは、自然の全体を、目的にあうようにつくられていると考えることができるのではなかろうか。自然のなかのあるもの（有機体）が目的にかなっているとするなら、さらに一歩を進めて、すべての自然の産物もそうであると判定して、さしつかえないのではなかろうか。

　有機体においては、いかなる部分も無意味ではなかった。とするならば、世界におけるいかなるものも無意味ではなく、なんらかのために役立つと考えられるであろう。こうして、自然の全体が、なんらかのためにあるとするなら、それは、一つの最終の目的によって、統一されなくてはならない。カントは、このような、自然の最終目的は文化であるとした。

　文化とは、人間性を陶冶することである。つまり、人間をきたえて、有能にすることである。いいかえるならば、たくみに自然を支配し利用しうるよう、人間をきたえあげることである。こういう陶冶ないし鍛錬が文化であり、そしてそれが、自然の最終目的なのである。自然のいっさい（人間にとってきびしい自然も、また人間にめぐみをあたえる自然も）は、人間の陶冶のために、文化のために存在するのである。

　しかし、カントによれば、自然の最終目的である文化は、窮極の目的ではない。窮極の目的は道徳である。文化のために役立つべき自然の全体は、それでことがすんだというのではない。文化そのもの、人間性の陶冶そのものは、じつは、道徳のためにこそ、意義をもつことができるのである。道徳こそ窮極の、絶対の目的なのである。そうとするならば、文化は、じつは、道徳の準備であり、手段であるにすぎない。つまり、自然は、道徳のために人間を準備するという役目を、おびていたのである。

カントは、このように、自然の全体の使命ともいうべきものを、道徳のための準備としての文化にみた。いうまでもなく、反省的に、そういう意味をみたまでのことである。これによって、科学的知識が拡大されたのではない。

道徳の優位

美、崇高、有機体、最終目的と、カントは、自然の対象のなかに目的的な連関のみられることを、反省的判断力によって分析してきた。はたして、カントの分析によって、まったく素性のちがった道徳と自然とが結びつけられたかどうかには、問題があろう。はたして、道徳が自然界において実現されうるという保証が、『判断力批判』の論によってあたえられたかどうかには、疑問があろう。ただ、われわれ人間にとって、道徳や科学とは異なった「美」の世界があることは、事実といえよう。有機体が、たんなる自然科学的な機械論的因果だけでは、説明のつかぬ面をもっていることも、事実であろう。また、人間は、みずからの目的のために自然を利用し、歴史をつくっていく。カントは、ともかくもこういう人間の諸面を問題にし、その解明にとっくんでいったのである。

ただ、道徳的人間のなかに人間の本質をみたカントは、すべてを、道徳の立場から解明し、分析し、位置づけようとしたといえよう。実践理性の優位を、つらぬこうとしたといえよう。

カラシを作っている晩年のカント　カントはカラシがすきで，それを自分のため，また，客のため，注意深く作った。ただ残念なことには，『料理の批判』は，つくられなかった。

人間は何を望んでよろしいか
――『たんなる理性の限界内の宗教』――

キリスト教の純化

さきにふれたごとく、カントは、晩年（六九歳）の宗教論（『たんなる理性の限界内の宗教』）によって、以後、宗教にかんして講義したり著述したりするのを、禁止されたのであった。それは、カントの生涯での、たった一度の不幸な事件であった。

しかし、カントじしんは、この著によって、なにか新しい宗教を提案しようとしたのではなかった。カントは、ある手紙にも書いているごとく、良心の誠実と、キリスト教にたいする真の尊敬とに導かれて、この書を書いたのであった。われわれが、すでに、『実践理性批判』のおわりのところでみたごとく、カントは、徳にふさわしい幸福がめぐまれること（徳と福との一致）という点から、神を要請したのであった。「何をなすべきか」という道徳を問題にしたのち、道徳を通して、「何を望んでよろしいか」の宗教に、進んでいったのであった。かれの宗教は、道徳的な理性宗教であったといえよう。

この『たんなる理性の限界内の宗教』は、道徳あるいは道徳的理性宗教の立場から、啓示宗教としてのキリスト教を批判し、純化し、改善し、もってそれを、真の道徳的理性宗教に近づけることであった。カントじしん、ある手紙にいうごとく、この書は、けっして教会をやっつけるために書いたのではない。逆に、真にキリスト教を純粋化し、真にキリスト教を正しいものにしようとするためのものであった。

根本悪について

第一編、「善の原理とともに悪の原理の内在することについて、あるいは人間の本性における根本悪について」では、キリスト教における悪もしくは堕罪の問題が、道徳的な観点からあきらかにされる。

人間が理性者である以上、人間は、道徳法則の声をうけないわけにはいかない。そして、もし、他のいかなる動機もそれにたいして反対しないとすれば、人は、道徳法則を、みずからの意志の最高原理とするにちがいない。すなわち、道徳的に善をなすであろう。

しかし人間はまた、感性的な自然的素質（本能、欲望）をもっている。これは、それじしんとしてはけっして悪ではなく、むしろ望ましいものであり、よきものであり、道徳を助けることもできる。それゆえ、この自然的素質を絶滅しようとするのは、ただに無益であるのみならず、また有害で、非難すべきことともいえる。

ただ人間は、最高の道徳法則のよびかけにもかかわらず、この本能ないし欲求のめざすもの（自己愛、この世の幸福）を、最高の原理にしようとするのである。最高の原理であるべき道徳法則を意識していながら、しかも、あるいはみずからの意志の弱さのために、あるいは不純のために、あるいは意図的に、秩序を顚倒《てんとう》するのである。すなわち、自愛や幸福追求をみずからの原理とし、道徳にそむくのである。あるいは外形のみ道徳をまねて、道徳を、自愛ないし幸福のための手段にしてしまうのである。このように、道徳法則と自己愛をめざすこととの、支配すべきものとされるものとの秩序の顚倒、そこに悪がある。人間は、あえてこの逆転をなそうとする根本悪の性癖《せいへき》を有するのである。

そこで、道徳的に善なる人間（神意にかなう人間）になるためには、根本悪による顚倒をさらに顚倒すること、いわば、考え方の革命がなされなくてはならない。顚倒の顚倒、否定の否定という革命こそ、一種の再生による新しい人の創造である。道徳的無為のうちに、外的なことがらによって恩寵《おんちょう》を乞い、罪のゆるしを待ちねがうごときは、キリスト教の本質ではない。真の宗教、真のキリスト教にあっては、心の革命、善き行状こそ問題である。各人は、善き人間となるために、みずからの力のかぎりをつくさねばならぬ。そこではじめて、みずからの能力のなかにないものが、より高い存在（神）によって補足せられるであろう。人はそのことを、望むことができ、信じることができるのである。問題は、神の恩寵にあずかるためには何をすべきか、ではない。ことは、神の助けをうけるに値するようになるためには何をすべきか、である。幸福や恩寵を求めることではなく、幸福にあずかるに値するごとき徳を、めざすことである。ひたすら純なる徳に生きるとき、人はそこに、徳にふさわしい福が神によってめぐまれるであろうことを、望むことがゆるされるのである。

善と悪とのたたかい

したがって、道徳的に善なる人間になるためには、人間に存する善の芽を、たんに発展させるだけでは足りない。善に反対する悪の芽を、克服しなくてはならない。そこで、第二編は、「人間の支配をめぐる善の原理と悪の原理とのたたかい」を問題にする。徳とは、ほんらい、敵にたいする勇気を意味した。すなわち、悪の原理に対立する善の原理の勇敢、そこに徳はある。われわれは、神の意《こころ》であるところの純粋無雑な道徳的心情のために、悪の原理とたたかわねばならない。人間にとって「救い」は、真の道徳的原則を、心情のなかへきわめて誠実にとり入れるということよりほかにはありえない。それをはばむものは、さきにいったごとく、道徳法則と自愛的原理との秩序の顛倒であった。われわれのたたかいは、この顛倒をさらに顛倒するよう、たたかうことである。

教会の本質

第三編「悪の原理にたいする善の原理の勝利と、地上における神の国の建設」では、教会の本質が論じられる。

個々の人間が善のため努力するだけでなく、悪を防止して善を促進するための社会がつくられなくてはならない。徳の法則にし

城の池から教会を望む

たがい、徳の法則を目的とする社会が、建設されなくてはならない。このような人間結合を、「倫理的社会」もしくは「倫理的共同体」と名づけることができる。それは、「神の民の国」であり、「教会」と考えることができよう。それは、現実の「見える教会」の原型ともいうべき「見えざる教会」であり、現実の教会のあるべき姿といえよう。したがって、現実の見える教会は、神の道徳的な国を、この地上において実現するよう、つとめなくてはならない。現実の教会の意味は、そこにある。

真の奉仕と偽《にせ》奉仕

第四編は、「善の原理の支配下における奉仕と偽《にせ》奉仕とについて、あるいは宗教と僧侶制度とについて」論じられる。そこでは、どのようなものが神への真の奉仕であり、どのようなものが偽《いつわ》りの奉仕であるかが、問題にされる。

「宗教とは（主観的にみれば）、われわれのいっさいの義務を、神の命令として認識することである」と、カントはいう。それゆえ、義務を義務のために果たそうとする道徳的な努力ないし善き行状、それこそが神への真の奉仕なのである。逆に、真の宗教のための手段である啓示的歴史的なものを宗教の本質と考え、それに仕えるところに偽りの奉仕がある。現実の教会信仰（現実の啓示的信仰）に忠実であることが、神の祝福をうけるための条件だとするのは、偽奉仕である。現実の教会的な諸勤行《ごんぎょう》や諸行事をこそ大じにし、善き行状への努力を後まわしにするのは、偽奉仕である。善の原理の実現のために努力することこそ、真の信仰であり、真の奉仕である。キリスト教は、こういう理性的道徳宗教の資格のある唯一のものである。

啓示的歴史的なもの、教会的な諸勤行や諸行事（祈願、祭祀、信仰告白、教会の典礼、法規の遵守など）それらは、真の信仰のための手段であるにすぎない。したがって、それらが、真のものの手段として利用されるとき、はじめて、真の奉仕ともなりうるのである。そうでなく、こういう手段が、ただちに祝福への道と考えられるなら、それは偽りである。賦役奉仕などの諸行事が、祝福にあずかるためになされたり、ほんらい奉仕者たるべき教会職員が、教会員を支配するごときは、すべて偽りの奉仕である。教会の教権的僧侶制度のごときは、道徳の支配する真の教会の体制ではない。

諸勤行は、すべて、道徳的善を促進するために利用さるべきものである。たとえば個人祈禱は、道徳的善の基礎をしっかりとわが内におき、善の心情を心中によびさますために用いらるべきである。会堂参集は、道徳的善を多数にひろげるために推奨さるべきである。洗礼は、道徳的善を子孫につたえるために利用さるべく、聖さん式は、真の信仰を、みんなで維持し、永続せしめるために、利用さるべきであろう。

以上が、カントの宗教論の大要である。それは、てっていした理性的道徳宗教の立場であった。そして、その立場から、啓示的現実的なキリスト教を、批判し、純化し、改善しようとするものであった。啓蒙的な大君主であったフリードリヒ大王は、すでになくなり、フランス革命をおそれるプロイセン政府は、反動化していた。現実を批判し改良しようとするカントは、その意に反して、弾圧をうけなくてはならなかったのである。

『永久平和のために』

いまも輝く平和論

宗教論によって弾圧をうけたとき、カントはすでに、七〇歳の高齢に達していた。それにもかかわらず、哲学者としてのかれの仕事は、なおつづけられていった。批判哲学を確立しおえたのちの、晩年のカントの関心は、宗教や政治や歴史や具体的な諸義務の規定などへ向けられていった。そのなかで、いまも光を放っているものとして、わたしたちは、カントの平和論(『永久平和のために』一七九五年、七一歳)に、注目しなくてはなるまい。それは、第一次世界大戦後の、一九二〇年の「国際連盟」や、第二次世界大戦後の「国際連合」(一九四五)の理論を、すでに一八世紀末において、世界の永久平和のために提案したものであった。もちろん、有限な人間にとって、永久平和は理念であり、永遠の課題であった。しかし、現実をとおして、人は一歩一歩、永久平和に向かって無限の努力をしなくてはならないのである。カントはそのための具体的・現実的条件を、この著によって提案しようとしたのである。

第二次世界大戦は、人類に、かつての戦争とは比較にならないほどの大きな惨禍をもたらした。にもかかわらず人間は、その痛みを忘れたかのごとく、朝鮮戦争、ベトナム戦争、イラン-イラク戦争、そして近くは湾岸戦争と、性こりもなく相かわらず戦争をくりかえしている。ただ、とりわけ甚大な惨禍をこうむった

カントの胸像
1793年バルドゥ作

日本は、反省のもと、再び戦争の惨禍が起こらないようにすることを決意し、徹底した平和主義を原則とする憲法を制定し、戦争と戦力の放棄を宣言するにいたった。が、この制定よりおよそ一五〇年も前に、すでにカントは、後述するごとき、戦争を前提した常備軍の全廃をふくむ恒久平和論を提示していたのである。わたしたちは、その崇高な卓説を、あらためて仰ぎみるのである。世界情勢のなかで、わけても平和が要請されている今日、カントのこの平和論は、さんぜんと輝く大きな意義を有するであろう。

先駆者

人間の歴史は自分たちの生存のため、あるいは民族的な、また宗教的な違いのため、あるいはカント自身もいう人間の支配欲、権力欲、ないしは非社交性のため、争いや戦いをくりかえしてきた。ときには好戦家も存在した。しかし多くの人びと、わけても一般庶民の願いは、平穏無事な平和な暮らしであったであろう。したがって、平和論の歴史もきわめて古いといえよう。

ここで、平和思想が台頭してカントに先行した近世ヨーロッパの平和思想を若干のぞいてみよう。

ロッテルダムのエラスムス（一四六六〜一五三六）は、人文主義者として、『平和の訴え』という反戦主義的理想主義的平和論を公刊した（一五一七）。国際法の権威、A・ジェンティーリ（一五五二〜一六〇八）は、一五八八年初めて国際戦時法をあらわした。H・グロティウス（一五八三〜一六四五）は、三十年戦争の惨禍を見て、人類平和確立のため『戦争と平和の法』を執筆し（一六二五）、戦争防止の方法を考察した。フランス国王アンリ四世（一五五三〜一六一〇）は、シュリ（一五六〇〜一六四一）を起用し、晩年、対外的平和政策をとり、シュリに助けられて、「アンリ四世の大計画」を考案した。それは、永久平和を保つため、一種の国際連盟を構想した大計画であった。

が、なんといっても後の平和論に大きな影響を与えたのは、聖職者サン＝ピエール（一六五八〜一七四三）の『永遠平和の草案』（一七一三）である。それは、カントの平和に関連する次のような諸項をふくんでいる（朝永三十郎『カントの平和論』より借用）。

㈠　欧洲の二十四キリスト教国が永遠的平和連盟を形造り、さらに出来うべくんば回教国の君主もこれに参加し、而してこの連盟の代表機関として、当時ちょうど平和協議の場所となっていたユトレヒトに常設国際評議会をおくこと。

㈡　連盟はその内政に干渉すべからざること。

㈢　各連盟国は六千名以上の常備軍を有すべからざること。

㈣　いっさいの領土的変化は、それが侵略によるばあいはいうまでもなく、相続・贈与・譲与等によるばあいといえども、絶対的に禁止せらるべきこと。

㈤　いっさいの国際的争議は、国際評議会の仲裁裁判によって調停せらるべきこと。

そしてルソー（一七一二〜七八）は、一七六一年、「サン＝ピエール永遠平和草案抄」をつくり、平和思想を宣伝普及しようとした。カントがルソーから大きな影響をうけたことは、すでにのべたが、この平和草案抄においてもしかりであった。

カント平和論の倫理的基礎づけ

さきの「人間は何をなすべきか」で述べたごとく、カントの道徳法則は、自・他の人格における人間性（あるいは人格性）を、たんに手段として使用することなく、いつでも同時に目的そのものとして取り扱え、というにあった。そして国家は、この目的そのものである多数の人格が、共同の立法に基づいて成り立っている自主的道徳的存在者であった。カントによれば、戦争は、個人間のものたると国家間のものたるとをとわず、道徳上、悪であった。それは、戦争が、目的そのものである人格の尊厳をこわし、自由をそこなうからである。戦争は人格をたんなる手段として使用するのである。したがって、「戦争はあるべからず」というのが、実践理性の絶対的命令なのである。カントはキーゼヴェッターへの手紙のなかで、『永久平和のために』を「私の夢想曲」とよんでいるが、戦争のない永久平和こそは、まさに人間が到達すべき義務であったのである。われわれは、なすべきであるがゆえに、努力しなくてはならない。もちろん、なすべき義務としての永久平和のまったき実現は、われわれ有限な人間にとっての、永遠の課題であった。しかし、なすべきであるがゆえに、なすことができるはずである。われわれは、一歩一歩、永久の平和に向かって、無限の努力をしなくてはならない。永遠平和へのこの努力は、カントにとって、人類の福祉とか、世の功利のためとか、あるいは博愛主義に基づくといったものではなく、実践理性に基づく人間の無条件的な義務そのものであったのである。

このような意味において、カントは、サン＝ピエールの平和論に対して向けられた非難、すなわち空想論ないし幻想論であるという蔑視に対してサン＝ピエールを弁護するとともに、かつて彼の宗教論に対して向けられたような悪意にみちた禁止や解釈から彼の平和論がはっきり保護されることを念願するのである。

永久平和論提案の、直接の動機

一七世紀についで、一八世紀も、まさに動乱の世紀であった。カントの祖国プロイセンにおいても、軍国主義的絶対主義を確立した父王フリードリヒ＝ヴィルヘルム一世のあとをついだフリードリヒ大王（在位一七四〇～八六）は、強力な直属常備軍をもち、あるいはオーストリア継承戦争（一七四〇～四八）によって、あるいは七年戦争（一七五六～六三）によって、領土を拡張していった。これらの戦争において、イギリスとフランスは、ときの情勢に応じて、両側に分かれて参戦し（継承戦争においては、イギリス・オーストリアが組んで、フランス・プロイセン・スペインの同盟に対抗し、七年戦争においては、イギリス・プロイセンの同盟が、フランス・オーストリア・スペイン・ロシアの同盟に対立）、海外にあっては、植民地争奪戦にあけくれた。やがて、歴史はアメリカ独立戦争とアメリカ合衆国の独立（一七八三）をもたらし、ついで八〇年代の終わりにフランス革命の勃発に到達するのである。周知のごときこの革命の過激化は、ヨーロッパ各国の宮廷をおそれさせ、自国への波及を防止するため手をくんでフランスへの干渉にのりださせるのである。すなわち、まず、九一年八月、オーストリアとプロセインは、ヨーロッパ諸国の宮廷に、フランス王の救出をよびかける。九三年一月、ルイ一六世が処刑されるやイギリスが、ついでオランダ、スペインがこれに加入し、ここに対仏同盟が結成されて、フランスに武力干渉を加えることになる。が、プロイセンは、一七九五年四月、フランス共和国と単独にバーゼル平和条約を締結してしまう。イギリスを除いた諸外国もこれにならい、対仏同盟は解体をよぎなくされるのである。このバーゼル平和条約が、実は、カントの永久平和論を生起せしめる直接の動機となったのであった。

というのも、バーゼル平和条約は、欺瞞《ぎまん》をふくんでいた。この和約がともかくも平和の条約である以上、カントは、さいしょこの締結を歓迎した。が、バーゼルの平和条約は、秘密条項をふくみ、ライン左岸の地域がフランスの占有に委ねられるかわりに、その償いとして、ライン右岸の地域がのちほどプロイセンの支配下におかれるべきことが規定されてあった。かくのごとき秘密条項をもつ欺瞞的平和条約は、カントによれば、もとより真の平和条約とよばれるべきものではなかった。

バーゼル平和条約がふくむこの欺瞞に対して、カントは哲学的な真の平和の草案を提出しようとした。それが『永久平和のために』なのである。そうした事情が、この書をして一般の平和条約になぞらって、留保条款、予備条項、確定条項、秘密条項、付録といった構成をとらしめるのである（高坂正顕訳『永遠平和の為に』解説参照）。

もちろん、草案の作成にかんしては、その内容において、サン＝ピエールやルソーの影響をうけたことに、申すまでもなかろう。

留保条款　かつて、神聖ローマ皇帝カルル五世（一五〇〇〜五八、在位一五一九〜五六）は、その刑事裁判法の序文の結尾にこの「留保条款」の語を用い、選帝侯、諸侯並びに地位高き人びとにこの法の適用を留保したのである（高坂訳注）。

ところで、実務にたずさわる政治家は、理論的な政治学者を机上の空論家として蔑視する。したがって、政治学者が、永久平和の理念を説いても、国家に何の危険を及ぼすことはなかろうし、哲学者が実現不可能な理想を述べたとしても、世間に通じた実務的政治家はそれを気にする必要はない。そこで、カントは、この『永久平和のために』の哲学的草案が、かつての宗教論におけるごとき弾圧からまぬがれ、かかる悪意にみちた処置の適用を留保され、保護されることを願うのである。

予備条項　永久平和のための予備条項とは、永久平和を不可能にするようなことがらの禁止をめざしたものである。それは、永久平和の実現を妨げるごとき条件を取り除くための提案であり、永久平和のいわば消極的制約ともいうべきものである。

第一条項　将来また戦争をやるための種をひそかに保留したままでなされた平和条約のごときは、平和条約とみなされてはならない。それは、平和でなくして、じつはたんなる休戦であり、敵対行為の延期にすぎない。平和条約は、そういうごまかしの、いつわりのものであってはならない。

(この条項は、あきらかにバーゼル平和条約に対する批判をふくんでいる。バーゼル和約は、既述のごとく、秘密条項をもつ欺瞞的なものであった。それはまさにたんなる休戦であり、敵対行為の延期であり、ごまかしのいつわりとして、永久平和を保証するごときものではない。事実、一八〇四年に逝去したカントの知らざるところではあるが、一八〇六年、またもプロイセンはロシアと組んでフランスに宣戦し、ナポレオンに撃破されて翌一八〇七年、領土を大きく削りとられるという屈辱的なチルジット和約を結ばせられるのである。)

第二条項　独立国は大小をとわず、継承、交換、買収、または贈与によって、他国に領有されてはならない。「国家は、国家それ自身以外のなにものにも支配されたり、処理されたりしてはならない人間社会である。」(引用は宇都宮芳明訳による) 領有は、道徳的人格としての国家の存在を否定し、道徳的人格を、もの(物件)としてしまうことである。ある国の軍隊を、共同の敵でない第三国を攻撃するため他国に傭兵として貸し与えることも、臣民ないし国民を物件として使用し消費させることで、道徳的人格を否定するものである。

(げんみつな意味においては、一八世紀的個人主義からして、カントにとって目的そのものであるのは個別人格なのであるが、国家がこの人格を擁護するための共同立法に基づく存在である以上、また自主的な道徳的存在者ないし道徳的人格とみなしうるのである。)

第三条項　常備軍は、ときを追って全廃されなくてはならない。 常備軍は、他国をたえず戦争の脅威にさらし、「常備軍が刺激となって、たがいに無際限な軍備の拡大を競うようになる。」そうなると、軍事費の増大のため、「平和の方が短期の戦争よりもいっそう重荷となり、この重荷を逃れるために、常備軍そのものが先制攻撃の原因となる。」それのみではない。人を殺したり、人を殺されたりすることになる軍備は、またそのために国民を使用することは、人間をたんなる道具や機械とし、人格における人間性の権利・尊厳にそむくものである。既述のごとく、人格における人間性は、たんなる手段として扱われてはならず、いつでも同時に目的そのものとして扱われなくてはならないのである（もちろん、自分や祖国に対する自衛的防備は、別の事柄である）。財貨の蓄積も、他国からは戦争の脅威とみなされ、戦争への危険をはらんでいる。他国の先制攻撃を強いる原因となりかねないからである。金力は、もっとも信用できる戦争道具であろうから。

（ちなみに、永久平和を祈念する、日本の現在の平和憲法は、戦争の放棄に関し、こう規定している。「①日本国民は、正義と秩序を基調とする国際平和を誠実に希求し、国権の発動たる戦争と、武力による威嚇又は武力の行使は、国際紛争を解決する手段としては、永久にこれを放棄する。②前項の目的を達するため、陸海空軍その他の戦力は、これを保持しない。国の交戦権は、これを認めない。」）

第四条項　国家の対外的紛争にかんしては、どんな国債も起こされてはならない。

道路の改修とか、新しい植民地経営とか、凶年にそなえての倉庫の設置などから、国の内外の援助を求めるのなら、この国債を起こすという方策は、疑念の対象とはならない。しかし、諸国が互いに競いあうための道具として国債が用いられると、はてしなく増大し、しかもその負債の返済を請求されることもないから、危険の財力、つまり戦争を行うための富となる。増大は、他国の財貨の総量をしのぐほどにもなる。こうして戦争をたやすく行いうるようになり、それが人間の本性に生来そなわっているようにみえる権力者の好戦的傾向と結びつくと、永久平和の最大の妨げとなる。このような国債発行の禁止が、予備条項の一つにならざるをえないゆえんである。さらに国家の破産が——それはどうしても避けられない——他の諸国をもまきこんで不当の損害を与えるのは必定で、諸外国に対する公けの侵害をもたらすのである。したがって他の諸国は、このような国家とその横柄さに対抗して連合する権利がある。

第五条項　いかなる国家も、力をもって他国の体制や統治に干渉してはならない。

いずれの国家にも、他国に干渉するような権利はない。一国家の騒乱は、他民族にとってむしろ戒めとして役立つことができるのである。もっとも、一国家が国内不和によって分裂し、それぞれが独立国家を主張して全体を支配しようとするばあい、その一方に援助を与えても、体制干渉とは認められないであろう（このとき分裂したその国は、無政府状態にあるからである）。だがある国が内部闘争をして、まだ決着がついていないとき、外国がこれに干渉するのは、内部の疾患で苦しんでいる一独立国民の権利を侵すものであり、その国家の自律を危うくするものである。

（他国への内政干渉を否定するこの条項は、ルイ王朝の存続をめざして行われた対仏同盟の批判ともみなされよう。）

第六条項　いかなる国家も、他国との戦争中、暗殺者や毒殺者の使用とか、降伏条約の違反とか、敵国における暴動の扇動といったごとき、将来の平和回復のさい、相互間の信頼を不可能にしてしまうような行為をしてはならない。

これらの行為は、恥知らずの卑劣な戦術である。戦争のなかにあっても、敵に対する何らかの信頼が残っていなければならない。でなければ、平和は回復せず、敵対行為は、結局、絶滅戦争になってしまうであろう。法的効力をもって判定を下す法廷のない自然状態においては、戦争は、力によって自分の正義を主張する悲しむべき非常手段にすぎない。正義の決定は戦争の結果によるしかない。以上のことから、絶滅戦争は、双方が同時に滅亡し、それとともにすべての正義が滅んでしまうから、永久平和は、ただ人類の大いなる墓地のうえに達成されることとなろう。したがって、そのような戦争は、またそのような戦争へ導く手段の使用は、絶対に禁じられなければならない。ところで上述のような卑劣な手段は、いちど使用されると、戦中のみならず、やがて平和状態にまでおよび、その結果、平和の意図をまったく空しいものとするであろう。

確定条項

永久平和のための確定条項とは、永久平和が実現するための積極的な具体的諸条件の提示である。

第一確定条項　各国家の市民的体制は、共和的でなければならない。

共和的体制というのは、専制に対立するもので、自由と平等の権利の保証された国民が、共同の立法のもとにあり、しかも立法権が執行権からきびしく分離され、それが代議士を通じてすべての国民の手にあるという体制である（したがってここでいう共和体制は、主権の存する国民全体によって選挙された代表者または大統領が統治するという意味での「共和制」とは同義でなく、君主制であってもよい）。永久平和への期待もまた、このような共和体制において可能となる。というのは、このような体制においては、戦争をすべきかどうかを決定するのは国民の手にある。戦争の場合、そのあらゆる苦難や悲惨な犠牲を背負いこむのは国民自身である（例えば、自分で戦うとか、自分自身の財産から戦費を出すとか、戦争が残した荒廃をやっとの思いで復旧するなどがこれであるが、「こうした災厄をさらに過重にするものとして、最後になお、平和であることすらも苦々しくさせるような、〔たえず新たな戦争が近づいているために〕決して完済にいたらない負債」の引き受けがある。）こうした割りがあわない賭けごとをはじめるのに、国民が慎重になり、容易に戦争をはじめたり、それを永続せしめたりするようなことをしないのは当然である。これに反し、共和的でない体制においては、元首は国家の成員でなくて国家の所有者であるため、彼にとって戦争は全然慎重さを必要としない世間事であり、それによって彼の食卓や狩りや離宮や宮中宴会などが失われることはない。そのため彼は戦争を一種の遊戯のように決定し、その正当化を外交使臣団に適当にゆだねるのである。

第二確定条項　国際法は、自由な諸国家の連盟に基礎をおかなくてはならない。

国家としてのそれぞれの民族は、外的法則に従属していない自然状態では、並存して互いに傷つけあっている。つまり諸国家が自分の権利を追求する方法として用いうるのは戦争であり、戦争による勝利である。しかし勝利によって権利の問題は決定されない。また平和条約によってたしかにそのときの戦争は終結するかもしれないが、また新しい口実のもとに戦争がはじまるという戦争状態は終わりはしない。しかし、道徳的に立法する最高権力としての理性は、戦争を決定的訴訟の代わりに用いることを絶対に許さず、逆に、平和状態を直接の義務として命ずる。

そこで、各国家は、自分の安全のために、他国に対して、おのおのの権利が保証されるような、市民的体制に似た体制にともに入るよう要求しうるし、また要求すべきなのである。これは国際連盟ともいうべきものであろう。それは、諸民族からなる一つの国家、つまり国際国家という形であってはならない。けだし、それぞれの民族が一国家を形成して、みずからの権利を主張し、それが保証されるというのが前提であるから、一つ国家に融合してはならないのである。それによって、自由な国家の尊厳は失われてしまうことになる。

こうして、理性の命ずる平和状態のため、それを保証するものとして、民族相互の契約による国際連盟あるいは平和連盟とでも名づけられるような、特別な種類の連合がなければならぬことになる。この連盟は、平和条約が一つの戦争を終わらせようとするのに対し、あらゆる戦争を終わらせようとする。それは、国家の何らかの力の獲得ではなく、一つの国家自体の自由、連合した国々の自由の維持と保証をめざすのである。この連盟は、しだいに増加してすべての国家に及び、永久の平和へとみちびくであろう。このような自由な連盟組織が存在しないならば、いったい何を根拠として自国の権利を確かなものと信じえようか。理性は、この連盟組織をどうしても国際法の概念と結びつけねばならないのである。

理性の立場からするならば、一国内における共和的体制のごとく、それぞれ独立した国家を単位として、共和体制的な世界共和国を形成することが永久平和の維持にとってもっとも望ましいといえよう。カントは、それを積極的理念（まさに到達さるべき姿）とよんでいる。しかしカントは、いま、このような理念（あるべき目標としての世界共和国）を、われわれの実践のための指導原理とすることは、望ましくないと考えた。現在のような状況のもとで世界共和国をめざすのは、戦争の危険を増すことにもなりかねないと考えた。理性が正しいと考えることも、具体論としては斥け、そのかわりに、実現可能な世界平和維持手段として、積極的理念の代わりに、その消極的代用物として、国際連盟を提案したのである。代用物を通して、ほんものをめざそうとしたのである。

すぐれたカントの知恵は、一二五年も後の国際連盟や、こんにちの国際連合の構想において受けつがれ、世界の平和に貢献をしているのである。

第三確定条項　世界市民法は、普遍的な好遇をもたらす諸条件に限られねばならない。

われわれ人間は、世界のどこにおいても、友好的に取りあつかわれる権利をもたなくてはならない。他国の土地に足をふみ入れても、そこで平和にふるまうかぎり、敵対的な扱いをうけることがあってはならない。だが要求できる権利は、敵意をもって扱われることなく、自由に訪問することが許される訪問の権利であって、客人として遇される権利ではない。われわれ人間は、地球の表面を共有する権利を有する。それに基づいて、互いに交際を申しでる権利を有するのである。それゆえに、訪問の権利は、すべての人間のものである。したがって、近づく者から掠奪したり、漂着民を奴隷にするといった非道な扱いは、自然法に反している。しかし、外国人が受けるこの好遇ないし友好の権限は、原住民との交際を試みることができる可能性の諸条件に限られ、それをこえて拡張されはしないのである。こうした方法で、遠くへだたった諸大陸も互いに平和な関係を結ぶことができるようになり、ついにはこの関係が公けに法的なものとなり、こうして結局人類をますます世界市民的体制へ近づけることができるのである。

ところが、世界の現状はどうであろうか。一方においては、既述のごとく訪れたものに残酷《ざんこく》非道なしうちをするものがある（そこでは訪問権が認められない）かと思えば、他方では、訪れたもの（大陸の文明化された諸国家、とくに商業活動の盛んな諸国家）が、訪問地を征服し、支配し、領有さえするのである。その不正は、恐るべきほどである（そこでは、訪問権以上のことが強要されるのである）。「東インドでは、彼らは商業支店を設けるだけだという口実の下に軍隊を導入したが、しかしそれとともに原住民を圧迫し、その地の諸国家を煽動して、広汎な範囲におよぶ戦争を起こし、飢え、反乱、裏切り、そのほか人類を苦しめるあらゆる災厄を歎く声が数え立てるような悪事をもちこんだのである。」しかもこれら列強諸国は、敬虔について大さわぎをし、正統信仰において選ばれたものとみなされたがっているのである。

それゆえ、中国と日本がこうした来訪者に試みに接したあとでとった措置は、賢明であった。すなわち中国は、来航は許したが、入国は許さなかった。また日本は〔いわゆる鎖国によって〕ヨーロッパ民族のうちのオランダ人だけに来航を許し、しかもかれらを囚人のように扱い、自国民との交際から閉めだしたのである。

しかし、さきのような訪問権ないし、友好権が一般化することによってこそ、人類は、永久平和へとたえず近づくことができるであろう。

補説——永久平和の保証

サン＝ピエールの平和論は、空想ないし幻想として軽蔑された。カント自身もみずからの平和論を「夢想曲」とよんでいる。もしそうだとするならば、サン＝ピエールを弁護することもなかったろうし、彼が永久平和のための予備条項や確定条項を提示することも無駄であったであろう。

が、かつて彼は、『判断力批判』において、人間の最高目的としての道徳に対し、自然が合目的的であることを論じた。ここ補説においては、「偉大な技巧家である自然」、その仕業が運命ないし摂理とよばれている自然が、「人間の不和を通じて、人間の意志に逆らってでもその融和を回復させるという合目的性」をはっきりと現出していることを論証するのである。永久平和に対する自然の合目的性が論証されることによって、永久平和は、もはや空想や夢想ではなくなるであろう。永久平和は、自然というすぐれた芸術家によって、その保証を与えられるのである。自然の機構そのものが、人類の望むと望まざるとにかかわらず、人類を永久平和の方向へとおのずから向かわしめるのである。もちろんここでも、このような合目的性が理論的に認識されるというのではない。ただ反省的にそう認められるのである。すなわち自然は、さきの国内法、国際法、世界市民法をとおして永久平和という崇高な道徳的目標が達成されるよう、自然（自然界および人間の自然的傾向）のあらゆる機構を計画したかのように考えられるのである。

(一)、まず自然は、地球上のすべての地域の人間が、そこで生活できるよう配慮した。氷界の寒冷な荒地にも苔を生ぜしめ、もって、トナカイがそれを掻き取ることによって飼養され、トナカイはオストヤーク人やサモエード人の食料となり、ソリ引きに利用される。さらに氷海の沿岸には、アザラシやセイウチやクジラがいて、住民に食料としての肉と、燃料としての油を供給する。炎熱やくがごとき砂漠にはラクダを棲息せしめ、人間の旅行の具とさせている。自然の流木によって、樹木のない地方では、ソリや武器や住居小屋を作ることができる。まことに驚くべき自然の配慮である。こうして住民は、動物と戦いながら、お互いの間では平和に暮らすことができるのである。

(二)、ついで自然は、人間に賦与した好戦的傾向性を利用して、住むに適さないような地域にまで人間を追いやって、分散させた。「自然は、人間が地上のあらゆる場所で生活できるように配慮したが、しかしまた自然は同時に、人間が好みに反してでもあらゆる場所で生活すべきことを専断的に望んだのである。」その手段として用いたのが、戦争なのである。この「すべし」は道徳的義務法則によるものではなく、自然の選択によるものである。こうして、例えば、サモエード族は、アルタイ山中から、好戦的なモンゴル族に追われて、荒涼たる北氷洋沿岸という極地に移ることとなったのである。同じように、ヨーロッパ最北部のフィン族は、ゴート人およびサルマチア人に圧迫されて、同族のハンガリー人より別れて、かかる遠隔地に住むことを強いられたのである。

(三)、さらに自然は、やはり戦争を利用して、人間を多かれ少なかれ法的関係(国内法的・国際法的・世界市民法的)に入るよう強要した。

自然の配備によって、いずれの民族も、自民族を圧迫する他の民族と隣りあっている。となると、軍事上、力としてそれに対抗するために、たとえ内部の不和によって公法の強制下に入るよう強いられていなくとも、他との戦争によって強いられて民族の内部に国家を形成しなければならない。国家は、成員相互の関係を調和し、その安寧を保証し、団結によって他の団体に対抗するための最も強き法的体制である。この各自の安寧を維持し、他の団体に対して自己を防衛しようとする人間の権利に完全に適合している国内体制は、共和制である。人間は利己的な傾向をもつから、こんな崇高な体制など作りうるはずがないというかも知れないが、しかし自然はまさにかの利己的傾向を利用して、助力を与えるのである。「利己的な傾向の力が相互に拮抗《きっこう》して、一方の力が他方の力の破壊作用を抑制したり、あるいはそれを取り除いたりすることによって」よき国家組織の形成が可能となり、人間はよき市民となるよう強制されるのである。つまり、自然の機構は、人間のもつ非友好的な心情の抗争を調整して、彼らが強制法のもとに入るよう互いに強制しあい、法が力をもつような平和な状態に到らざるをえないようにするのである。自然は、道徳的理由によってではなく、人間の自己保存という自然的機構の結果として、人間をば法に従って平和に生活しようとする善良なる市民に、仕立てあげるのである。まさにこのよき市民によるよき国家体制から、はじめて国民のよき道徳的教化が期待されるのである。利己的傾向によるこのような自然の機構を理性が手段として利用することによって、理性本来の目的である法の指示を実現する余地が与えられ、もって国家自身として可能なかぎり、対内的・対外的平和が促進され、保障されるのである。自然は、まさに法が最後には主権をもつよう、さからいがたく欲しているのである。

隣りあう諸国が独立・分離している――それが国際法の理念の前提である。このばあい、諸国家の連盟的統一による敵対行為発生の予防がなければ、まさにすでに戦争状態なのであるが、しかし理性の理念からすれば、この状態の方が、かのローマ帝国のごとく、一強国が諸国家を融合してしまう世界王国よりもましなのである。「なぜなら、法は統治範囲が拡がるとともにますます重みを失い、魂のない専制政治は、善の萌芽を根だやしにしたあげく、最後には無政府状態におちいるからである。」どの国家（あるいはその元首）もこの世界王国を望み、これによって永続的世界平和へ移行しようとしているが。しかし自然は、言語および宗教の相違という手段によって、民族の混合を防ぎ、民族を分立させる。この相違は、相互の憎しみあいの傾向と戦争のための口実とをともなっているが、しかし文化が進み、諸原理にかんする合致へと人間がしだいに近づくにつれ、競争による力の均衡によって、平和的協調が形成保持されるのである。

　こうして自然は、賢明にも諸民族を分離し、各国家の意志が策略と力によって諸民族を統合しようとするのを防止する。が、他方で自然はまた、利己心という人間の自然機構を通じて諸民族を結合し、暴力や戦争に対して諸民族の安全を保障するのである。すなわち人間の自然的傾向性である利己心は利得欲を生み、その結果商業が起こる。国家権力はその増大のため金力を必要とする。そのため国際的な商業活動を保護する。それは戦争とは両立しない。もし世界のどこかで戦争の危険が迫る場合には、同盟によるかのごとく調停による戦争防止の必要を感じるのである。こうして平和は促進され、しだいに国際法および世界市民法が力を得、永久平和の理念が実現されていく。このような方法で、自然は、人間の傾向そのものの機構を利用して、永久平和を保証するのである。

それは、既述のごとく、永久平和を理論的に論証するものではないが、永久平和が非難されるごとき空想や幻想ではなく、永久平和をめざすわれわれの道徳的義務の努力の意義を保証するのである。「戦争あるべからず」という道徳的義務の絶対命令に対し、自然は合目的的であり、協力するのである。「なすべきがゆえになし得る」という道徳的信念と自然の合目的性とにより、永久平和はその実現を保証されるのである。」

秘密条項——哲学者に耳を傾ける　公法の審議に秘密条項のあるのはおかしいともいえよう。しかし、公法を命令する人の尊厳にかかわる場合には、秘密もありうるのである。

公けの平和を可能にする諸条件に関する哲学者の主観的な原理、つまり哲学者の平和論は、戦争のため武装した諸国家によって、忠告として受けとられねばならない。それは、国家の権威にかかわるようにも見えよう。だが教えを乞い、哲学者の平和論に耳を傾けることは、きわめて得策である。それゆえ国家は、秘密のうちに哲学者にそうすることを勧めるであろう。つまり国家は、哲学者に、戦争遂行と平和達成の一般的原理について、自由にかつ公然と発言させるであろう。そしてそれに耳を傾けるのがよいことなのである。

君主が哲学すること、あるいはプラントがいったように哲学者が君主となることは、期待さるべきではなく、また望ましいことではない。というのは、権力をもつと、君主も哲学者も理性の自由な判断をなしえなくなるからである。しかし、君主、もしくは平等の法則にしたがってみずからを支配している君主らしい民族が、哲学者階層を消し去ったり沈黙させたりしないで、公然と語らせることは、双方にとってそれぞれの職分を明らかにするために必要不可欠のことである。哲学者は、その本性上、暴徒となったり、徒党を組んだりすることはできないから、かつて宗教論にかんしてうけたような煽動の嫌疑をうけるべきはずのものではないのである。

こうしてカントは、みずからの永久平和論が諸国家や政治家たちに、おそれられることなく、また軽視あるいは空想視されることなく、傾聴さるべきことを訴えるのである。

付録——政治と道徳

戦争のない永久平和は、道徳的義務であった。それは、当然また政治と関連する。そこで、さいごに、道徳と政治との関係が問題になるのである。

政治は、「蛇のようにさとくあれ」といわれるごとく、国家権力の増大を目的として、術策を用い、どんな不正な手段を用いても意にかいしない。つまりその原理はたんなる技術の問題であって、心を用いるところは、ただ自分の個人的利益を損わぬように時の支配権力に迎合して、そのために国民を、さらにできれば全世界をも犠牲にしようということなのである。このため、自国民に対する、あるいは隣接する他民族に対する国家の権利を専横的に手中にする好機をとらえ、正当化はあとでせよとか、過ちを犯し、そのため国民が暴動を起こしたとしてもそれが汝の責任であることを否定せよとか、対立者があるばあいには互いに離間させ、国民と不和にならしめ、諸外国が対抗してきたばあいは諸外国間に不和を起こさせ、このようにしてもって支配せよ、といった格率が用いられる。

これに対し、道徳は正義を原理とする。カントは、政治の利益に役立てうるような道徳を考えることはできないが、道徳にかなった政治は考えうるし、また考えるべきだとする。つまり、政略ないし術策としての政治のために道徳を手段として利用するのでなく、逆に道徳にかなった政治を考え、政治の方を道徳に合わせ、もって両者を合致ないし両立させるべきであり、それが可能だとするのである。このような方向をとるのが道徳的政治家であり、彼にとっては、政治はたんに技術の問題ではなく、道徳の問題でもあるのである。つまり彼は、国家政略の諸原理を、道徳と両立する形で採用する政治家なのである。「蛇のように怜悧であれ」という政治を制限して「鳩のように正直であれ」という命題を、政治の不可欠の条件として付け加えるのである。道徳的政治家は、たとえかれらの利己心を犠牲にしても、「さまざまな欠陥が国家体制や国際関係に生じた場合、どうすればそれらの欠陥ができるだけ早く改善され、理性の理念のうちに模範として示されている自然法に適合するようになるか」の考慮を義務とする。かれらによってのみ真正な共和的統治方式は気づかれ、かれらのめざすべき課題は、「純粋実践理性の国とその正義」なのである。つまりすべての人が互いに自他の人格をたんに手段としてではなく同時に目的それ自体として尊敬しあう共同体（「目的の国」）なのである。この課題への努力によって、「永久平和という恵みはおのずからかなえられるであろう。」

道徳による政治支配という形での両者の一致という志向は、「正義はなされよ、たとえ世界は滅びるにしても」「正義よ支配せよ、たとえ世界の邪悪な連中がそのためすべて滅びるにしても」という命題として、提示されるのである。「真の政治は、それがゆえ、あらかじめ道徳に服従しているのでなければ、一歩も進むことはできない。政治は、そのものとしてはなるほどむずかしい技術であるが、しかし政治と道徳を一致させることは、なんら技術ではない。なぜなら、両者が矛盾しあうようになると、道徳は、政治が解くことのできない結び目を、二つに切りはなすからである。」「政治はすべて、法の前にひざまずかねばならないが、しかしその代わりに、徐々にではあるが、政治が輝き続けるようになる段階にまで到達することを期待しうるのである。」

ところで、正義は、つねに公表性と結びついており、かかるものとしてのみ考えられうるのであり、公表性を欠くといかなる正義も存在しない。したがって、「他人の権利に関係する行為で、その格率が公表性と一致しないものは、すべて不正である」という命題が、公法の先験的公式となる。まさに公表性、公表しうるということは、政治が道徳と一致しうる基準なのである。

永久平和は、たとえ無限に前進しながら接近するしかないとしても、これを実現することが義務であり、これを実現しうる希望にも根拠があるならば、それは決して空虚な理念ではなくして、われわれの課題であり、それはしだいに解決されて、目標はたえず接近することになろう。この言葉を結びとして、『永久平和論』は、おわるのである。

けっきょく、人間とは何であるか
――『実用的見地における人間学《アントロポロギー》』――

実用的アントロポロギーのめざすもの　わたしたちはさきに、われわれ人間は何を知りうるか、何をなすべきか、何を望んでよいか、を問題にしてきた。人間は一面、本能・衝動を与えられ、それに基づいて生きていく動物であった。が、他面、考える力としての悟性・理性を与えられ、自然を認識してその法則を探究し、自由に基づいて道徳を考え、宗教を望む存在であった。もちろん、全知全能の神ではない。一面、受動的・感性的な動物的存在でありつつ、他面、それを超えて活動する能動的存在であり、現実の所与を超えるものを見ぬき、それにふれる叡知的存在であった。そこから人間の織りなす知を、道徳を、芸術を、宗教を、批判していくのである。知りうる知を、なすべき道徳を、望みうる宗教を、批判的に考察するのである。このような意味において、カント哲学は、批判哲学であり、超越哲学であった。が他面、カント哲学が何を対象にしたのか、と問われるならば、それはいうまでもなく、人間であった。

カントは『純粋理性批判』のなかで、人間理性のあらゆる関心を、思弁的なるものも実践的なるものも、すべて、㈠私は何を知り得るか、㈡私は何をなすべきか、㈢私は何を望んでよいか、の三つの問いにまとめ得るとのべている。カント哲学は批判哲学といわれる。しかしそれは方法上からのカント哲学の規定である

（もちろんそれが哲学史上コペルニクス的意義を有することは既述したとおりであるが）。これに対し、さらに批判的方法により何を問題にしたのかと問われるとき、人は上記の三問に相応して、それが人間の知であり、人間の行為であり、人間の宗教であると答え得るであろう。

ところが、論理学講義とかシュトイトリン宛の手紙においては、哲学の課題として、上記の三課題に、第四のものとして、「人間とは何であるか」に答える「人間学」（アントロポロギー）が付加されているのである。しかも注目すべきは、「最初の三つの問いは、けっきょく、第四の問いである人間学に総括されるであろう」と、のべていることである。人間学こそは、知識・道徳・宗教にかんする三課題をまとめるような、重要な位置を占めていたのである。カント哲学は、まさに方法上からいって批判哲学であったとするなら、内容上から、人間の哲学であったといえるであろう。

わたしたちは、敬虔な内心の信仰を尊しとするピエチスムスの家庭に育くまれた、カントを思いだすであろう。規則正しい生活、散歩さえも時計のごとく正確であった日常生活を送ったといわれる、厳粛な道徳主義者のカントを想起するであろう。一生独身で、深遠なむずかしい批判哲学を思索し講義しつづけた、近よりがたい哲人カントを想像するであろう。だが、他の一面を見のがしてはならないであろう。彼は、他の哲学講義とならぶ正規の講義として、二十数年間、人間学（アントロポロギー）を、学生たちに面白くおかしく話してきかせた。話題にとみ、社交のうまかったカントは、人間学の講義では、学生を笑わす先生であった。そしてこの講義が、『実用的見地における人間学（アントロポロギー）』として最後の著となったのである

（一七九八年、七四歳）。人間学は、「実用的見地」あるいは「実用的」（プラグマティッシュ）といわれるような性格をおびていたのである。

人間学の講義は、すでにのべてきたごとき、あるべき人間の相の講義ではない。それは、現実の人間の姿を問題にする。そして現実の人間は、社会（世間）をなして生活している。人間学は、世間をなして共存する経験的・現実的な人間知・世間知を問題にするのである。すでに道徳論でふれたごとく、現実の人間は、自己の利益、自己の幸福を求めてあくせくする人間である（もちろんそこで、厳然たる道徳的義務の声、現実を超える道徳的良心の声に迫られて苦悩するのではあったが）。道徳の法則や原理は、経験から導いてくることができず、われわれが先験的に把握しなければならない純粋なものであり、形式的なものであった。したがって道徳の世界の可能のためには、たんに経験的なもの、それゆえ人間学に属するところの一切のものを完全に洗い捨てた先験的な道徳の原理を取り扱う純粋道徳哲学、あるいは道徳形而上学がまず作られねばならない。しかし、この形式的・先験的な法則を人間に適用するにあたっては、現実の人間が何であるか、経験的・日常的な人間の姿がいかにあるか、つまり人間知・世間知たる人間学（アントロポロギー）に通じなければならない、とカントはいう。カントによれば、このように純粋部門たる道徳の形而上学が人間学に適用されたばあい、それが道徳の経験的部門としての実践的人間学もしくは道徳的人間学なのである。かくて倫理学は、純粋と経験の二部門よりなる実質的純粋哲学といいうるのである（カントはこのようにいうのであるが、実さいには、実践的人間学ないし道徳的人間学はつくられなかった）。

人間は、生物であり、動物である。とするならば、生物ないし動物としての人間の諸現象が考えられる。かかる現象の探究が自然学的人間学であるであろう。これに対し、カントが問題にしたのは、実用的人間学であった。カントは、一七七二〜七三年の冬学期のあと（七三年末）、マルクス＝ヘルツに宛てて、人間学の講義の性格を、こんなふうにつたえている。「私の懐いている意図は、人間学によって、あらゆる学問の源泉や、道徳・練達・社交ならびに人間を陶冶し統御する方法等の源泉、したがって、あらゆる実践的なるものの源泉を開示せんとするものです。」「私は日常生活においてさえ、たえず次のことを考えて観察にあたっていています。すなわち、私の聴講者たちが、最初から最後まで決して無味乾燥な講義を聴くのではなくて、たえず各自の日常の経験を私のいうところと比較してみるという機縁を与えられることにより、いつも愉快に聴くように、と。ですから暇があれば、私の眼には非常に愉快なこの観察の学に基づいて、練達や怜悧の、いなそれのみか賢知さえもの下稽古を大学生たちに施しています。かかる下稽古は、自然地理学とともに、他のいっさいの知識の教授と異なり、世間知と称せられてよいものです」と。つまり人間学は、人間の日常的な世間生活を経験的に観察し認識するものであり、そこから人間の織りなすあらゆる学問、あらゆる実践が由来するものとして学問や実践の前提となるものであり、それゆえにわれわれの日常生活に有用であり、処世の道を教えるものなのである。このようなものとして、カントが講じた人間学は、実用的人間学であり、実用的見地におけるアントロポロギーであったのである。経験的・現実的な日常的人間の観察であり、認識であったのである。

実用的現実の性格

人間の本源的素質

カントは、宗教論において、「人間の本性における善の本源的素質」として、動物性・人間性・人格性の三つをあげる。「動物性の素質」とは、生物としての人間の素質であり、「物的にしてたんに機械的な自愛、すなわち理性を必要としないところの自愛」である。このような動物的人間が、まさに「自然学的見地のアントロポロギー」の対象であった。かかる素質には、(a)自己保存、(b)種族保存、(c)社交的衝動の三つが考えられる。が、この素質は、人間がたんに動物であるところに基づくのであり、それ自身としてはいまだ善でも悪でもなければ、有用でもない。それは、他の素質（人間性や人格性）に基づくあり方を可能ならしめる自然的素材なのである。

「人間性の素質」とは、「生物たると同時に理性的なる者としての人間」の素質である。それは、動物性とひとしく「自愛」の素質ではあるけれども、「理性的な考慮」のもと、みずからの安全、自己の幸福、他人に対する優越を希求するものである限りにおいて、動物性と本質的に異なるのである。理性的考量のもと、他人との比較において自己が幸か不幸かを批判し、そこから自己がいつでも他人以上に優越であり、幸福を得ようとする不断の配慮や欲望が生ずる。それが昂じて嫉妬や競争心や敵意や猜疑《さいぎ》や毀傷《きしょう》の喜びといった望ましからぬものともなるのである。

「人格性の素質」とは、「理性的にして同時に責任を負うに堪うる者としての人間」の素質であり、道徳的な責任の主体たる人格を可能ならしめる道徳的素質である。無条件的絶対的な道徳法則の尊敬、義務としての無条件的拘束性や責務の意識の基づくところであり、道徳律との一致より生ずる安心ないし喜悦の素地たる道徳感を可能ならしめる素質であり、自己自身の決断による意志の自由を知らしめる自由の意識の由来するところである。さらには、自己に対する尊敬や隣人愛といった内容的諸義務を可能ならしめる素質である。総じてそれは、道徳的な理性的素質といいえよう。

実践の三様式　右のような、人間の本源的素質と関連して、カントは、人間の実践として次の三つを区別する。第一は「技術的」(technisch)、第二は「実用的」(pragmatisch)、第三は「道徳的」(moralisch) の三つがこれである。

技術的実践　技術的実践は任意の目的の達成のため事物に関係する。それは、物を生産し、物を形成し、また物を使用するところの実践である。そこでは、たとえ人間を対象とし人間に関係するとしても、それは物としての人間、すなわち人間の自然性に関係するものである（例えば、医学的手術や、治療や、保育のごとき）。われわれはこのような実践が可能となり容易となるため、物を知らねばならない。技術的実践は理論に基づき、理論の応用なのである。かかる実践の基礎となる理論には、数学や物理学のごとき先験的なものもあれば、化学、生物学、地理学のごとき経験的記述的なものも存するであろう。また物としての人間、すなわち自然的人間を知るためには、経験的な生理学や心理学を知らねばならない（それが自然学的人間学であるであろう）。そしてこのような理論が実践となるためには、技術的実践理性により、理論より導出された技術的な仮言的命法（「もしこうしようと思うならば、こうしなければならない」という条件づき命法）と、それをみずからにおいて実現する意志的身体、とくに「手」を必要とする。かかる理性的な手こそ、技術的実践の中心である（邦語の、性が上る、手が下る、上手、下手、腕利き、腕前、腕に覚えがある。といった言葉は、かかる実践を表現しているであろう）。しかしここでは、その手が聡明な思慮分別のある手か、それとも考えの足りない馬鹿な手か、あるいは善人の手か悪人の手かは、いまだ直接には問われない。技術的な手は上手か下手かが問題となるのみである。上手なこと、すなわち理性的手がかかる技術的実践を具体的になすことのたくみなことを、カントは geschickt《ゲシックト》（堪能である、器用である、こつを知っている）といい、こつを知っていること、こつを身につけていること、器用なことを一般的に Geschicklichkeit《ゲシックリヒカイト》（練達、堪能、熟練、器用）と名づける。練達はかくて、物に関係し、物を巧みにかつ容易に生産し、形成し、使用し、処理する人の手の堪能を意味する。かくて技術的実践を命ずる仮言的命法は、かかる練達を要求する。しかしそれが任意の目的のもとにおける条件的なものであり、かつ、理論的知識（先験的な、また経験的な）に基づくものであるかぎり、まさしく「練達の規則」とよばれるにふさわしいものなのである。

実用的実践

が、人間はほんらい自己の幸福をめざすものである。現実の世にあって、このような自己の幸福をめざす実践ないし行為がまさに実用的実践とよばれるものである。それは自己と同じような人間に関係し、人間を対象とする。すなわち、物としての人間、たんなる動物としての人間ではなく、理性をもち、世にあって自己と同じような人間との行為的連関におかれた人間、しかし神聖者ではなくてまた誤りをおかすところの理性的人間の実践である。換言すれば、実用的実践とは、日常の世間的生活――カントによれば「人間」とはすなわち「世間」のことであった――において、みずからの幸福のため他の人間を手段として使用することである。まさに「実用的」とは、みずからの安寧福祉のため世を利用し、世を渡ることなのである。そして自己の意図のためたくみに人を利用し使用すること、すなわちうまく世を利用し、かしこく世に処し、上手に世を渡ることがカントによれば一般的に klugheit《クルークハイト》 (怜悧、処世の道を心得ていること、思慮分別のあること、聡明、世才や世智にたけていること、如才なきこと) なのである。怜悧は、われわれの意図のために人間をたくみに利用する練達である、ともカントはいう。が、技術的実践の練達が物に関係しているのに対して、実用的実践の怜悧は人間に関係している。「時計師が、完全な時計を作るなら、彼は腕があり練達だといえるが、しかし、流行にならってうまく作り、すぐ売れていくことを心得ていてはじめて、彼は怜悧だといえるのである。」ぬけ目ない実用的実践ではあっても、彼自身の永続的な利益ないし幸福に合致させる洞察を欠いてはならない。如才なくかつずるくはあるが、全体として利口でない人は、十分に怜悧であるとはいえないであろう (理性的手が技術的実践の中心であるに反し、実用的実践の中心は理性的口、にあると称し得よう。人間の口、理性的な口はまさしく人へ、世間へ向けられている。口を通しての言葉は、すべて「人の世」に関係するのである。しかしカントにおいては、かかる理性的口の実用的意義は、まだ十分自覚されるにはいたらなかったが)。

技術的実践は事物へ関係するものとして、事物を知らねばならなかった。これに反し、実用的実践は、人間を、しかも単なる生物的人間とは異なり、理性者としての人間、すなわち自己とひとしく練達的・怜悧的実践をなし何かを形成していく人間、世をなし共同生活をする人間を知らねばならない。人間相互のかかわりあい、すなわち世の中を知らねばならない。かかる人間を、世を知る者のみ、人間の世を自己の意図のままにすることができるであろう。実用的見地における人間学とは、まさにこのような人間知・世間知を求めるものであったのである。しかしカントによれば、自然学的人間学もそうであったごとく、否、それ以上に人間知・世間知は経験に基づかねばならない。人間はなんぴとも幸福を求めて実用的実践をするにもかかわらず、有限者として、果たして何が幸福であり、何がみずからを幸福ならしめるかを、明確に、いわば先験的に規定することはできない。つまり幸福は不定的な概念であり、何が現実に幸福かは、人の世の諸事象を経験的にいろいろ比較し統一することによって、一般的概括的に知られるにすぎない。かくて実用的実践の原理は、幸福への道を経験的に助言するところの「怜悧の忠告」とよばれるにふさわしい。「むしろ理性の勧告とみなされるべきものであり」、いかなる行為が理性者たる人間の幸福を増進するかを、普遍的に規定することは、有限なる人間には不可能のことなのである。

道徳的実践

道徳的実践については、すでにふれたことであり、いまここで改めて言及する必要はなかろう。われわれは、現実のいかんにかかわらず、みずからの好悪に介意なく、否、幸福への傾向に逆らっても断乎なさるべき道徳的義務の無条件的絶対的な命令に迫られるのである。ここでの中心は、手でも口でもなく、一切の経験的なものをたちきり、内奥深く先験的形而上的なものにふれる純粋実践理性そのものである。それは目に見える現実的世界の底にあって、現実的なものの理念を提示し、有限な現実の人間に対し無条件的絶対的に命令する。有限な実用的人間に対して断乎道徳服従を強制するのである。それにもかかわらず有限な実用的人間は、あるいは幸福への愛にもひかれ、あるいはしらずしらずのうちに幸福にひかれ、あるいは幸福追求こそ道徳以上の高きものとみなし、もって悪をなしてしまうのである。そしてかかる有限な実用的人間のあり方におぼれようとすればするほど、逆に道徳の絶対的な命令に強く迫られ、幸福を求める実用的実践と絶対的な道徳的良心との間に苦悩するのである。カントは、この矛盾を、人間が当然におちこまざるをえない矛盾（自然的弁証論）とよぶのである。

実用的実践における道徳的仮象の演出

ところで道徳的実践は、だれにでも通用すべく、なんぴとにも行使さるべき義務という形式に基づこうとする行為であった。つまり、自分のやろうとしていることが普遍的に妥当するかどうかを考え、そのような基準にかなうことをめざして行為することであった。そのかぎり、自分の人格並びに他人の人格を尊敬しようとするものであった。ところが、実用的実践は、自己の幸福をめざすものとして、快を求める自己の衝動にしたがうものとして、自己の人格をその衝動の手段とし、また他の人格を自己の幸福のため手段にするものであった。共存の世にあって、この利己ないし自愛があらわになるならば、そこでは互いに食みあう狼となり、実用的実践の自己否定におちいらざるを得ないであろう。それゆえ実用的実践が可能となるためには、あくまで自己の本心を隠して相手を見ぬき、あたかも他者を尊敬するかのごとき仮象を演じ、俳優とならなければならない。すなわち、道徳的仮象、見せかけのもとにのみ実用的な共存生活は可能となるのである。実用的世界は道徳の世界を外面的にまねることによって存立し得るのである（普遍的な法のもとに、外面的行為の適法性を要求し強制する政治的市民状態の形成は、実用的人間の怜悧に基づくといえよう）。こうしたことは逆に、道徳的実践こそ、人間の真実であり、あるべき相であることを裏書していることであろう。カントはいう。俳優的な礼儀作法をもって生きていく公民社会（人の世）は、「互いに欺しあう人の世」と隣合わせであると。しかし「欺きあう社会」とは社会の自己矛盾であり、自己否定である。人の世が真に人の世としての真実になって永遠性を得るためには、実用的公民社会が道徳によって裏づけられ、真人間たるものの原理によって結合する道徳的公民社会とならなければならない。そこでカントによれば、ともかくも道徳の真実性を前提する、技能的な人間性の開発としての練達（開花）を利用しての実用的人間性の開発、すなわち怜悧（市民化）は、道徳の準備をなすものとなるのである。こうして、道徳を正面から準備する道徳教育（賢知化への教育）をふくめ、技能的開化、市民的怜悧化、賢知化という全人間性の開発（文化）がまさに真人間を準備する意味をもつことになるのである。

人間知獲得の方法

世間知の源泉としての交際

人間学は、経験的な人間知・世間知を具体的にいかなる方法によって獲得し拡張していくのであろうか。カントは、実用的な人間知・世間知の汲みとられてくる源泉のまず第一を、そして最も本質的なものを他人との交際に求める。人間を知るとはすなわち世を知ることであるのを見ぬき、そしてかかる世間知を交際において把握せんとしたのである。人間は他人との交際によって、世間を共にし、生活を共にしている。生活の共同たる交際は、まず家庭生活にはじまり、学校仲間や市民生活・国民生活からさらに種々の世界へと拡げられていく。かかる生活の共同たる交際を地盤にし源泉として、世を知ることは可能となる。それゆえ世を知るためには、交際をひろめ、とくに上流社会や教養社会に関係することが肝要である。けだし下層の教養なき社会に比し、上層社会においては「人間性」のより豊かな開発がみられ、したがって人間についてのより深く広き観察が可能であるからである。

旅行・旅行記・補助手段

かかる角度から、人間学の源泉として、また旅行や旅行記が望ましいものとなる。交際や旅行に次いで、世界史、伝記、演劇（喜劇・悲劇）小説などが人間知を拡げるについての補助手段たり得る。それらは交際や旅行に比し、人間学の源泉とまではいい得ないが、しかしそれを補う材料を提供し得るのである。むしろ交際や旅行のごとく、直接的な他者との交渉において人間を知ろうとするばあいにあらわれてくる種々の障害（例えば他人がみずからをかくそうとするため十分他人を知り得ず、また自己が激情にとらわれているかぎり、激情にとらわれている自己そのものを観察し得ないばかりか、他人を冷静に観察することも不可能となるごとき障害）が、このばあいにはあらわれてこない点からいっても、重要な補助手段といわなければならないであろう。もちろん演劇や小説は、人間の現実の誇張的仮構なることを忘れてはならない。

しかし「世を共にすること」は、それがただちに「世を知ること」ではない。しかし、人は世に生まれ、世に在り、世で死んでいく。そのかぎり、人は共にある世が何であるかをすでに主体的・実践的に知っている。世を知るとは、かかる主体的把握たる「世を共にすること」を媒介にし、対象的に観察し理解することなのである。

プランをもって実験を！　ところで、人の観察を通しての人間学的人間知は、ただ漫然といかに久しく交際を続け、漫然と経験を積んだとて、十分に得られるものではない。まして、漠然と旅行に出かけ、あるいはあてもなく多くの書を読んだとて、人間知のためなんら益するところはないであろう。カントはいう。「練習と経験とは、人間の知識を得るためには、われわれにとって最もよい方法である。……しかしそれだけでは不十分である。……人はまずもって人間において着眼さるべき点へ、他人をさし向けねばならない。人はこの点についての根本理念――これに則って人間知は獲得されうる――を規定しなければならない。……この予備の知識が、人間知を進めていくためには必要であるだろう」と。つまり、何のプランもなく、漠然と出かけたのでは、人間知は得られないであろう。それゆえ、教育によって、人間を観察すべき根本理念や予備の一般的知識を身につけ、それをもって出かけ、それによって実験をするのでなければならない、というのである。交際そのものを通して人間を観察し、異域の旅へ出かけて模索しつつ歩き廻り、みずからがもつ尺度によって考察せよ、というのである。

実験の障害

しかし、人間知獲得のこの実験には、人間性そのものに付随する容易ならぬ障害が存している。まず第一に、われわれがある人を観察しようとすると、その人は、誰かが自分を観察し研究しようとしているのに気づいて、ありのままの自己を示し得なくなるか、あるいはありのままの自己を知られまいとする。自己を隠して自己を抑制し、自己をいつわり自己を装うのである。しかもかかることは、人間学にとってのきわめて豊かな泉である上層社会や教養人のばあいにおいてとくにはなはだしい。人は教養があればあるほど、ますます自己を隠し、他人によって探求されまいとする。この仮装の技術は、教養が豊かになるにつれて増大し、仮装するだけでなく、その反対をさえあらわすのである。それゆえ人間を観察するにあたっては、観察者たることを毫も気づかれないようわれわれ自身を仮装しなければならない。何の屈託もなく話しているように見せかけ、しかもそのさい、相手が話すことにばつを合わせなければならない。人間観察には、まさにこのような怜悧が必要であるのである。

第二。右のごとく、他人を観察するばあいに起こる困難は、逆に、自分自身を観察し実験することによって除去されるともいえよう。「明らかに、なんぴとも自分自身を最もよく知ることができるに違いない。」「他人を知る」のに比し「自己を知るのはきわめて容易である。」「自己自身や自己自身のなす認識に関しては、いかなる仮装も隠匿もありえない。」ここでは、他人が人前にかけるごとき被覆はすべて除けられる。しかし、自分自身を観察しようとするばあいでも、「激情に関していえば、やはり同様にいきづまってしまう。衝動が働いているときは観察していないし、観察するときにはその衝動は静まっている。」かくして人は、自己の感情や衝動、とりわけ激情のごときものを観察することはきわめて困難といわねばならない。そこでこの困難は、再び他人の観察へ方向を転ずることによって減少される。他人に向かうさいはすでに冷静であるゆえ、他人の観察によってあるヒントを得、そのヒントに基づいて自己を省みるのである。他人の観察と自己の観察とを相互に媒介しあうことによって、具体的な人間知は拡げられ獲得されていくであろう。

しかしさらに第三の困難がある。われわれの問題の根本は、人間一般あるいは人類が何であるかということであった。われわれは自他を、また他人相互を比較することによって人間を知ることができた。しかし人間一般は比較さるべき何物ももっていない。われわれは具体的に世の中を歩き廻り、世における個々の人間を実験することによって、人類そのものの何であるかを解明していくよりほかはない。

第四に次のごとき困難が存在する。人は情意的衝動が活動しているかぎり、みずからの情意そのものを観察することができなかったが、しかしかかる情意の活動は、たんに自己の情意そのものの観察を不可能ならしめるのみでなく、外的事物の観察、まして人間に関しての実験を混乱させてしまうのである。そこで人間学的実験のためにも、冷静な思考態度（衝動を統御して理念を働かせる技術）の訓練が必要なのである。第五。「ところとときの情勢とが固定的であると、それに適応して習慣ができあがる。習慣はよくいわれるように第二の天性であって、人が自分自身を何と考うべきかの自己判断を困難にする。が、さらにいっそう、交際している他人を何と考うべきかを困難にする。そこで、人が運命によってそこへ投げ込まれたとか、あるいはみずから冒険的に飛び込んでいったという境遇の変動でもなければ、固定的なときとところは人間学をば学らしい学に高めることを甚しく困難ならしめるのである。」かくて、変化をもたらす旅行や旅行記が人間学にとっての大切な手段となるであろう。また、あらゆる角度からの豊かな変化を提供する港湾都市ケーニヒスベルクのごときは、「たしかに世間知をも人間知をも拡張するに恰好の場所と考えられうる。そこでは旅行することがなくとも、かかる知識が得られるのである。」ケーニヒスベルクを離れることのなかったカントは、まさにこの都によって、あの豊かな人間知・世間知を獲得しえたのである。

実用的現実の諸相

認識能力に基づく諸現象　自己意識こそ自由な自己形成者としての人間を可能ならしめるものであり、地上に生ある他の一切の存在者をこえて人間を高め、他のあらゆるものと区別された理性者、すなわち人格を可能ならしめるものである。が、実用的人間はすぐに自己中心的な利己へ走るのである。ここからただちに人間の種々の病気がはじまる。世界の中の自己であるにもかかわらず、自己をもって世界をおおわんとするのである。このような利己的疾患は、論理的・美的・実践的の三面においてあらわれる。論理的利己とは、自己の判断を他人のそれと照しあわせ比較してみようとしない態度である。ここから、誤謬《こびゅう》におちいるのみでなく、奇矯《ききょう》、頑執などの疾患におちこんでいく。美的利己者とは、芸術の美の試金石を自己一個の美的判断のうちのみ求め、他人の評価や非難や冷笑を意にかいせず、自己の持ち前の趣味に甘んずる人である。道徳的利己者とは、自己の意志の規定根拠を普遍的な義務観念におこうとするのでなく、たんに主観的な自己の利益と幸福にのみおく輩である。実践的利己主義ないし幸福主義の徒である。しかしいずれのばあいにおいても、自己をもって世界を包み、自己を世界の中心とし、自己をもって世界の一切の尺度とし、かかる自己を世の中で通さんとすれば、当然、共存の世における他人の利己と抵触するのは必定である。そこで実用的怜悧は、利己を隠して没我をよそおう謙譲的演出をするか、さらには、「自己をばたんに一個の世界公民として観じ、挙措《きょそ》するという考え方」、すなわち公共主義をとる。

自己へ眼を向ける自己意識が過度になると、空想、妄想、内気、気どり、といった病におちいる。

かくて自己意識は人間の本質であったにもかかわらず、自己が自己にのみ閉じこもり、共存の世を忘れるとき、数々の自己意識病を起こすのである。したがってこの病を治し、健康となるためには、実用的怜悧は、とにかく形の上で共存の世を是認し、少なくとも共存の世を実現せんとする道徳をまねるのでなければならない。実用的人間の怜悧は、道徳の仮象を演ずる俳優となるのである。それによって、既述のごとく真実の道徳は準備されることともなるのである。

しかし認識はたんに行為的・自発的な悟性的能力のみによって構成されるものではなく、同時に受動的な受容性としての感性の能力を必要とする。前者が論理的な規則に基づいて思惟する純粋な自発性であるのに対し、後者は感覚の内容を受け入れる能力である。感性は感官と構想力とを含む。感官はさらに外官と内官とに分かたれる。内官が外官をはなれ自己に沈潜し外官を媒介としないところに、内官の現象を外的現象と思いこむ錯覚が、さらに昂じて妄想、視霊、精神病が生ずる。かかる病の時間的内面の瞑想へと沈潜するところに由来するのであれば、その快癒は、外官の対象たる外的事物の秩序へ連れ戻されることによって可能となるであろう。

感性の他の一たる構想力は、対象が現存しないにもかかわらず、それを直観しうる能力である。元来構想力は感官と悟性との媒介をなすものとして、感官から材料を得、悟性によって導かれねばならない。しかるにすぐに感官から離れ、また悟性を忘れて、自己のみで奔放・無規則にふるまわんとするところ、悪夢、夢遊症、空想、妄想、偶像、錯覚……などの疾患におそわれるのである。

構想力を刺激するものに飲酒がある。飲酒は、われわれを社交へ進めさせる実用性をもっている。酒宴は舌をゆるめる。それゆえにすべての人の心胸をひろげ、腹蔵なき率直へとはこんでいく。かくて酒宴は、陰険怜悧な実用的社交の仮面をはぎ、普遍的・公共的な世の中へ出させ、もって真の道徳的社会生活を準備するごとき道徳的性質をさえ有するのである。もちろん婦人や僧侶やユダヤ人にとっては、酩酊しないことが彼らの処世訓であり、怜悧である。

人間は総じて文明が進めば進むほど、ますます俳優となり、好意や他人に対する尊敬やしとやかさや無私のふうを装う。社交において人間のなすすべての徳は補助貨幣である。それを純金と思うのは子供のことである。「しかし世間でそのようなことが行われていることは甚だよいことでもある。というわけは、人間がこのような役を演ずることによって、遂には、長い年月を通じてただ演じてきた見せかけの徳の本物たる真の徳が、しだいにほんとうに呼び起こされて、考え方となっていくからである。」自然の意図は、補助貨幣たる見せかけの徳を流通させることによって、本物の徳の準備をし、真の徳へ導こうとすることにあったのである。実用的世界は、かかる意味において、仮象を演じつつ純金の流通する真実の世界（道徳的世界）の準備となっているのである。

快不快の感情の人間的現象

感官による快または不快は、人間的に満足または苦痛とよばれるが、これに関し人の世の現実は、かかる満足と苦痛との抗争である。「満足とは生命の促進の感情であり、苦痛はその阻止の感情である。ところで生命（動物の）とは、すでに賢者も注意しているごとく、この満足と苦痛の両者が抗争を演じそれを継続していくことである。」「いかなる満足も直接に他の満足に続くということはあり得ず、一つの満足といま一つの満足との間には、必ず苦痛が介在していなくてはならない。」健康な状態とは、生命を阻止するごときかかる苦痛に刺激されつつ生命を促進していくこと、すなわち苦痛と満足の抗争を続けていくことであり、決して連続的に感ぜられた無事や満足ではない。かくて例えば、間断なく交替する「恐れ」と「望み」の状態たる勝負ごと、期待・愉快と不安・困惑とが交錯する演劇、喜びや望みの中へ嫉妬の心痛をはさませる恋愛小説が人の世につくられて、もてはやされるに至るのである。苦労と休息との交替の状態の継続であるがゆえに、人は労働によって人生を享受するのである。

このような人生の状態を逆に裏から示すものが無聊《ぶりよう》に苦しむものとしての退屈であろう。退屈ほど苦しいものはない。イギリス人は退屈を消すために縊死《いし》するともいわれる。人の世は、人生を過ごしていくため、すなわち満足と苦痛との抗争状態を維持するため、種々のことを発明し形成していくのである。

趣味とは美に対する感情である。ある対象を美と判定することにおいて快さを感ずることである。それは社会的・世間的であり、共通的な喜びである。普遍的な美的判定に基づくものであるかぎり、共存の世界、共通の世界にあり得る喜びである。趣味は、現象として現れた自由であり、道徳であるともいいうるであろう。

しかしこのような趣味の病気として「流行を追う趣味」と「贅沢」をあげうるであろう。流行を追う趣味は、当時世間で一般にもてはやされ、美しくよきものとみなされているような世界にいて、互いに他を凌駕《りようが》してよりよく見せようとする虚栄に重点をおく愚昧《ぐまい》の趣味である。しかしとにかく世にあろうとするものであるかぎり、カントは、流行にさからう奇人であるよりは、流行に従う愚人たることをすすめた。趣味的な歓楽生活の度のすぎた疾患が贅沢である。もちろんかかる愚行の裏にも、それが諸芸術を鼓舞し、もって国民を陶冶するという利益が存在しはするが。

ところでここで重要なのは、趣味と道徳との関係である。趣味が、普遍的必然的な規則にしたがう美的判定の働き、合法則性的な自由の活動の形式そのものに見出される満足であるかぎり、理想的な趣味は、道徳性を外面的に促進させる傾向を有するのである。「人間を彼の属する共同社会の種々の情況に対して躾よくすることは、もちろん彼を倫理的に善くする、すなわち道徳的に陶冶するのと全く同じことを意味しているのではないが、しかしかかる情況において他人に気に入られよう（好ましく思われよう、感歎されよう）と努めることによって、人間をそうした方向へ準備するのである。」趣味が共通性・普遍性そのものを愛し、共存の世を是認し、共同の楽しみを楽しもうとするものであるかぎり、道徳の世界を準備し、それに向かうことを外面的に促進するのである。流行外れの奇人が、孤独におちいって非社交的反社会的になりがちな危険性をおびているのに反し、流行に合わせようとする者は、とにかく共通の世界を是認し、社交的たらんとするものである。そのかぎり道徳の世界に近いともいえるのである。

共通の世界を是認し、それを促進するという点から、音楽、舞踏会、勝負ごとなどにおける交際や社交が重要な意味をもってくる。とりわけ会食は、共存的人間性と調和し、それを促進させるものとして、きわめて肝要である。共に食事をすること自体がすでに互いに信頼しあう共存の世を可能ならしめているのであるが、さらに人はそれを促進するため、会食において人数（三人より多く、九人より少なく）、顔ぶれ、作法、話題、話題の運び方や調子、話し方、食後の行事、さらに散会後のことなどに細心の注意を払わねばならない。とにかくこうした如才ない社交は、共存共栄の人生を是認する公共主義といえよう。

欲求能力的諸現象

欲求能力の現実は、わけてもその病気である激情と欲情とを中心として描写される。

いずれも欲求のはげしい自己主張として、理性の支配を許さぬ「心の病気」である。激情は突発的躁急的であり、理性的考慮を許さぬ無分別である。瞬間的な猪突猛進のはげしさであり、狂暴な一過性であり、したがってすぐに鎮静して忘却もされる。これに反し欲情は、時間を容れ、いかにはげしくとも冷静な考慮と結合されており、心の底深く根ざして容易におさまらぬ執念深さをもっている。「激情はあたかも堤防を決潰する迸水《ほうすい》に似た働きをなし、欲情はますます深く河床をえぐり行く水流にも似ている。激情はあたかも卒中発作のごとくに健康へ作用し、欲情は肺癆《はいろう》または痩削《そうさく》にも似た働きをする。激情は酩酊のごとく、一夜眠れば、後に続く頭痛を残してもさめてしまうが、欲情は嚥下《えんか》した毒物から起こる病気もしくは畸形《きけい》病とも見らるべきものであり、内科的または外科的精神医を必要とし、しかも医者もたいていは根治の手段を処方する術なく、ほとんどいつも姑息の治療手段をしか講ずる術を知らない。……激情は率直で、腹蔵がなく、欲情はこれに反して、陰険であり、執拗である。」欲情は健康な理性の自由を放棄し去り、正しい理性の支配を執念深くいつまでも許さぬところの「純粋実践理性の癌病」である。ただに実用的に有害であるのみならず、道徳的にも唾棄《だき》すべきものである。しかも患者自身が治癒することを欲せず、「健康な理性の支配」という快癒の方法を受けいれない不治の病である。そこに欲情による人生の不幸と悪とが深刻であるゆえんもある。きわめて根強い実用的怜悧でありつつ、人生にとって最も有害で反実用的となる不治の病である。

欲情はカントによって、「自然的（生来的）傾向性の欲情」と「文化から生じた（獲得的）傾向性の欲情」とに分類される。前者が激情をふくんだ傾向性の欲情であり、復讐欲もこれに属する。が、後者は名誉欲・支配欲・所有欲がこれであり、きわめて冷静で理性的考慮のもと、一定の目的をめざす確固不抜の実用的主観的意図と結合されている。

人間の性格　以上が「人間の内面ならびに外面を認識する仕方について」教える実用的人間学の第一部であるに対して、第二部は「人間の内面（精神）を外面（肉体）より認識する仕方について」論ずる「人間学的性格学」となる。そこでは、⑴個人の性格、⑵両性の性格、⑶民族の性格、⑷人類の性格、の四つが記述される。

個人の性格では、多血質、憂鬱質、胆汁質、粘液質といった感性的・自然的存在者としての人間がもつところの他との識別徴表と、人が端的に性格なるものをもつといわれる場合の自由な理性者としての人間のみがもつ徴表とが区別される。後者は、本能からでなく、人間が自己自身から、自覚的に意志に基づいて形成するもので、自由な理性者たる人間を、然らざる場合から識別する徴表である。それは、一切の価格を超え、代替することのできない人間の内面的価値であり、人間たることを価値づける徴表である。

両性の性格では、男らしさ、女らしさ、が問題となる。男らしさは、体力が強く勇気があるということであり、女らしさは、弱さである。男性は体力と勇気によって弱き女性を保護し、女性は弱きがゆえにかえって男性をひきつけ、男性を支配し操縦しみずからの保護へと向かわせるのである。女性は男性を支配しようと欲するがゆえに、かえって弱くしとやかであらねばならない。もって互いに求めあう両者の強き結合によって、性的共同態としての家族を通して種は維持されていく。自然の意図はまことに賢明であった。

人間諸能力の人間学的分析によって訓練された人間観察の眼をもって、また個人の性格の記述を利用して、種々の民族——フランス人、イギリス人、スペイン人、ドイツ人など——の性格を比較する描写が進められる。実用的見地におけるこうした比較は、一方が他方から何を期待すべきか、また一方はいかに他方を自己の利益のため利用しうるかを判断せしめるのである。

実用的人間学の総括

人間たる種族の性格　では最後に、全般的総括的にいって、人間という種族そのものはどのような特別の性格をもつのであろうか。現実的人間の意義・使命は何と判定されるべきであろうか。カントは、「人間の規定に関する実用的人間学の総括」、したがってまた「人間をつくりあげるための特色の描写」として、次のごとくいう。

「人間は、人びとと一つの社会をなし、その社会において、芸術および学問を通してみずからを陶冶し、市民化し、かつ道徳化するよう、みずからの理性によって定められている。幸福とよばれるところの安逸と歓楽の誘惑へ受動的に身をまかそうとする動物的傾向がいかに強くとも、むしろ能動的に、人間の自然の粗野のために人間につきまとっている妨害とたたかいつつ、みずからをば、人間性にふさわしいものとなすよう、その理性によって定められている」と。

すなわち、まず、

(a)　人間とは社会的存在であることがあきらかにされる。人間は社会のなかにあって、共存している。それにもかかわらず、個人的・利己的であろうとして、ために、いろいろな自己矛盾や失敗や誤りや悪をしでかすのである。そしてまた病におちいる。

(b)　人間は人間として完成してこの世にあるのではなく、未完成なものとしてある。したがって、芸術や学問を通し、自己をただ自己自身によって、自由に形成（陶冶・市民化・道徳化）しなくてはならない。自然性を陶冶して有能になり、社会性を身につけ、処世のうえで怜悧（りこう）とならなくてはならない。さらに道徳的素質を高めて、善き人となるようつとめなくてはならない。

(c)　すでにみてきたごとく、他面、人間は動物であった。そのため、この世の快楽や幸福を追い求め、そういう安逸や歓楽に誘惑されて身をまかそうとする。自己のみの快や幸福を求めて、互いに食みあう狼ともなる。だが人間は理性を与えられ、理性的熟慮をし、衝動的な快楽追求の誘惑にうちかち、どうすれば他人を自己の幸福に利用しうるかの、実用的怜悧を考慮する。それでもともすればあからさまに利己が顔を出し、さきにのべたごとく、失敗や誤りや病におちいった。が、ともかくも有能になり、処世の術を身につけ、他人を、世を、みずからの幸福のため利用しようとする。現実の人間は、こうした実用的現実をおりなすのである。

しかし人間には、他面、道徳的素質があった。人間は義務の声、良心の声に迫られるのである。この声は、絶対的・無条件的に、なすべきこと、だれにでも通用すべきこと、普遍的に妥当するよう行為すべきことを、迫るのである。神ならぬ人間、同時に快を求める本能・衝動を脱却しえざる人間は、道徳の声に耳を傾け、それにあこがれはするものの、純粋に道徳的良心のみによって規定されることはできない。が、ともかくも共存の世を是認し、それを前提とし、それゆえに他の人や世間に配慮し、少なくとも道徳の仮象を演じないわけにはいかない実用的現実、そしてそこでの人間性の開発（練達・怜悧）は、文化として、道徳のための準備をなすものである。道徳は、みずからの原理に反する実用的実践に対して、無条件的・絶対的な服従を迫るのであるが、実用的現実が道徳の外形をまねるかぎり、それによってみずからの準備をさせるのである。まさにそこに、実用的現実を通しての、理性の狡知《こうち》があるともいえようか。

大哲人ここに眠る　墓の入口

おわりに
——カントを活《い》かす道——

とき・ところとカント　われわれは、カントを神さまにしてはなるまい。たしかに、「カント以前の哲学は、すべてカントに流れこみ、カント以後の哲学は、すべてカントより流れでた」といわれるほどの、カントであった。だが、カントも、ときところの上に立っていたし、立たないわけにはいかなかった。このとき・ところの上に足をふまえて生き、考え、構想したのである。

いまいちど、このとき・ところをふりかえってみよう。

既述のごとく、ここ東プロイセンは、一八世紀の西欧の近代市民化から取りのこされた、立ち遅れの辺隅であった。そこには、前近代的な体制や封建的なしきたりが、まだ強く支配していた。ケーニヒスベルクは、ギルド的な中世市民意識のただよう町であり、カントは、ここでの一手工業者のせがれであった。内面の信仰を尊しとするピエチスムス的新教も、こういう状況のなかでは、従順で敬虔な市民意識を強めこそすれ、西欧におけるごとく、社会革新のために作用することはなかった。だが、西欧への門戸であるケーニヒスベルクには、近代的市民革命の雰囲気《ふんいき》が、西から伝わってきた。自然科学や自然科学的な考えかたが、浸透してきた。こういう雰囲気のなかで、カントは、自由や人間尊重の哲学を強調した。遅れた状況のなかでの啓蒙、わたしたちはそこにこそかえって、ますますカントの意義や偉大さを仰ぎみるであろう。

ただざんねんなことには、遅れた状況のなかでは、カントの主張する自由は、西欧の市民革命とはことなって、内面的自由の強調という方向を、とらねばならなかった。カントは、この遅れた社会の近代化を、啓蒙君主としてあがめるフリードリヒ大王の、いわば上からの啓蒙に期待したのである。カントじしん、フリードリヒ大王を尊敬してやまぬ、良き臣民であった。かれはまた、貴族や騎士とも交わり、上流社会のしきたりを身につけた社交人であった。なるほどそういう点に、カントの考えかたやふるまいのあいまいさがみられるであろう。しかしとにかくカントは、批判の哲学にてっし、道徳的自由を主張し、人間らしい人間の哲学をつらぬいたといえよう。わたしたちは、そこに、また、とき・ところを前進させようとした、カントの論に傾聴させられるのである。

広場にあるカントの記念像
いまは，まわりの樹木が茂って記念像をとりまいている。

勉強と批判

われわれのおかれている今日《こんにち》の状況は、カントのいたとき・ところとは、大いに異なっている。われわれは、カントの哲学思想を学びつつ、それを今日の状況のなかで活かすことが大じであろう。今日は、あの一八世紀的な主観的自由主義や理性的個人主義が行きついた矛盾のゆえに、苦悩している時代ともいえよう。わたしたちが今日おかれている状況（とき・ところでの状況）のなかにあって、この状況を批判し、それを革新し、ほんとに人間らしい人間の社会をつくりあげること、それをこそ、今日の「わが内なる道徳律」は求めているのではなかろうか。

しかも、カント流にいうならば、勉強のない批判は空虚であり、批判のない勉強は盲目であろう。じゅうぶんな勉強のない批判は、空回《からまわ》りになりがちである。逆に、批判的精神をもたぬ勉強は、この矛盾と混乱と不安にみちた今日の状況にたいし、ただそのなかに埋もれ、それに流され、それにこびるだけになりかねない。星空を仰ぎみてもらすためいき。あしもとの現状を省みてもらすためいき。いまわたしたちを取りまくものは、そういうためいきをつかせないではおかない、希望のない灰色のようなものである。ゆたかな勉強と、するどい批判的精神とによって、灰色の現実をバラ色の希望へ変えるよう努力すること、それが、今日において、カントを活かす道ではなかろうか。

カント年譜

西暦	年齢	年譜	関係事件、ならびに参考事項
一七二四		カント生まれる（四月二二日ケーニヒスベルクで）	（享保九年）
二七	三歳		ニュートン死（一六四三〜）
三二	八	コレギウム・フリデリキアヌムに入学	
三七	一三	母没す（一六九八〜）	
四〇	一六	ケーニヒスベルク大学に入学	フリードリヒ大王即位（〜一七八六）
四六	二二	大学卒業 『活力の真の測定についての考察』（卒論） 父没す（一六八二〜）	
四七	二三	家庭教師にいく	
四八			ヒューム『人間悟性論』 モンテスキュー『法の精神』
四九			ゲーテ生（〜一八三二）
五一	二七		恩師クヌッツェン死（一七一三〜）

五四	三〇	『地球の回転軸の変化』	ヴォルフ死(一六七九～)
五五	三一	このころ、家庭教師から帰る 『天体の一般的な自然史と理論』 『火について』(マギスター論文) 『形而上学的認識の第一原理の新解釈』(私講師就職論文) ケーニヒスベルク大学私講師	ルソー『人間不平等起源論』
五六	三二	『地震について』『物理的単子論』『風の新論』	七年戦争(～一七六三)
五七	三三	『自然地理学の概要』	
五八	三四	『運動および静止の新説』	
五九	三五	『楽天主義について』	
六二	三八	ヘルダー、カントの講義をきく	ルソー『社会契約論』『エミール』
六三	三九	『神の存在証明の論拠』『負量の概念の哲学導入』	七年戦争おわる
六四	四〇	『美と崇高との感情』 『自然神学と道徳との原理の判明性』	
六五	四一		ワット蒸気機関発明
六六	四二	王室図書館の副司書となる(～一七七二) 『視霊者の夢』	
六九	四五		アークライト紡績機発明

一七七〇	四六	論理学・形而上学の正教授となる 『感性界および叡智界の形式と原理とについて』(正教授就職論文)	ヘーゲル生(〜一八三一) ベートーヴェン生(〜一八二七)
七二	四八		ポーランド分割
七四	五〇		レンツ『家庭教師』
七五	五一		アメリカ独立戦争(〜一七八三)
七六	五二		アメリカ独立宣言 ヒューム死(一七一一〜) スミス『国富論』
七八	五四	ハレ大学への転任を固辞	ルソー死(一七一二〜)
八一	五七	『純粋理性批判』	
八三	五九	『プロレゴメナ』(『形而上学序説』)	
八四	六〇	『一般歴史考』『啓蒙とは何ぞや』	
八五	六一	『道徳形而上学原論』	
八六	六二	『人間歴史の臆測的始源』 『自然科学の形而上学的原理』 ケーニヒスベルク大学学長となる	フリードリヒ大王死(一七一二〜) フリードリヒ・ヴィルヘルム二世即位(〜一七九七)
八七	六三	『純粋理性批判』第二版	

		王立科学学士院会員	
八八	六四	**『実践理性批判』** 大学学長となる（二回目）	
八九	六五		**フランス革命**、人権宣言
九〇	六六	**『判断力批判』**	
九一	六七		フィヒテ、カントを訪う
九三	六九	**『たんなる理性の限界内の宗教』**	
九四	七〇	宗教にかんする講義・著作を禁じられる	**フィヒテ**『全知識学の基礎』
九五	七一	**『永久平和のために』**	
九六	七二	老衰のため講義をやめる	ラプラスの星雲説
九七	七三	『道徳形而上学』	
九八	七四	『学部の争い』 **『人間学』**	
九九	七五		**ナポレオン**のクーデター
一八〇〇	七六	『論理学』（イェッシェ編）	弟ハインリヒ死（一七三五〜）
二	七八	『自然地理学』（リンク編）	
三	七九	『教育学』（リンク編）	
四	八〇	二月一二日**カント没す**	（文化元年）

一八〇四			ナポレオン一世即位(〜一八一四) フォイエルバッハ生(〜一八七二)
七			**ヘーゲル**『精神現象学』 シュタイン・ハルデンベルク改革(〜一八一〇)
一四			ナポレオン没落、**ウィーン会議**
一八			**マルクス**生(〜一八八三)

参考文献（やさしいもの）

カントの著作のほんやく

　カント著作集　岩波書店

　岩波文庫のなかの、カントの著作

　　カント全集　理想社

カントの生涯　ヤハマン著　木場深定訳　角川書店　昭28

カントの生涯　加藤将之著　理想社　昭39

カント　岩崎武雄　勁草書房　昭33

カント　高坂正顕　弘文堂　昭14

カントの実践哲学　安倍能成　岩波書店　大13

知識の問題　村岡省五郎　岩波書店　大10

カント　杉村広蔵　三省堂　昭10

（社会科学の建設者、人と学説叢書）

カントの平和論　朝永三十郎　改造社　大11

なお、わたしのこの著は、わたしの以前の著、『人間形成の倫理学的基礎―カント倫理学の人間学的考察―』（講談社、昭28）、『社会と倫理―カント倫理思想の社会史的考察―』（有信堂、昭34）が、基礎になっている。

この著の図版にかんしては、いろいろなものから拝借したが、とくに、次の書から多くを借りた。ここにおことわりをしておく。ウエ＝シュルツの『カント』、クルト＝シュターフェンハーゲンの『カントとケーニヒスベルク』、ルネ＝ジルエンの『カント』（大思想家叢書のなかの一冊）、フランクフルト＝アム＝マインのウムシャウ発行『オストプロイセン』など。

さくいん

— 完 —

U

カント■人と思想15　　定価はカバーに表示

1967年4月1日　第1刷発行©
2015年9月10日　新装版第1刷発行©

・著　者 ……………………………… 小牧《こまき》　治《おさむ》
・発行者 ……………………………… 渡部　哲治
・印刷所 ……………………………… 法規書籍印刷株式会社
・発行所 ……………………………… 株式会社　清水書院

〒102-0072　東京都千代田区飯田橋3-11-6
Tel・03(5213)7151～7
振替口座・00130-3-5283
http://www.shimizushoin.co.jp

検印省略

落丁本・乱丁本は
おとりかえします。

CenturyBooks

Printed in Japan
ISBN978-4-389-42015-4

CenturyBooks

清水書院の〝センチュリーブックス〟発刊のことば

近年の科学技術の発達は、まことに目覚ましいものがあります。月世界への旅行も、近い将来のこととして、夢ではなくなりました。しかし、一方、人間性は疎外され、文化も、商品化されようとしていることも、否定できません。

いま、人間性の回復をはかり、先人の遺した偉大な文化を継承して、高貴な精神の城を守り、明日への創造に資することは、今世紀に生きる私たちの、重大な責務であると信じます。

私たちがここに、「センチュリーブックス」を刊行いたしますのは、人間形成期にある学生・生徒の諸君、職場にある若い世代に精神の糧を提供し、この責任の一端を果たしたいためであります。

ここに読者諸氏の豊かな人間性を讃えつつご愛読を願います。

一九六六年

SHIMIZU SHOIN

【人と思想】既刊本

老子　高橋　進
孔子　内野熊一郎他
ソクラテス　中野幸次
釈迦　副島正光
プラトン　中野幸次
アリストテレス　堀田　彰
イエス　八木誠一
親鸞　古田武彦
ルター　小牧　治・泉谷周三郎
カルヴァン　渡辺信夫
デカルト　伊藤勝彦
パスカル　小松摂郎
ロック　浜林正夫他
ルソー　中里良二
カント　小牧　治
ベンサム　山田英世
ヘーゲル　澤田　章
J・S・ミル　菊川忠夫
キルケゴール　工藤綏夫
マルクス　小牧　治
福沢諭吉　鹿野政直
ニーチェ　工藤綏夫

J・デューイ　山田英世
フロイト　鈴村金彌
内村鑑三　関根正雄
ロマン=ロラン　村上嘉隆・村上益子
孫文　横山　英・中山義弘
ガンジー　坂本徳松
レーニン　中野徹三・高岡健次郎
ラッセル　金子光男
シュバイツァー　泉谷周三郎
ネルー　中村平治
毛沢東　宇野重昭
サルトル　村上嘉隆
ハイデッガー　新井恵雄
ヤスパース　宇都宮芳明
孟子　加賀栄治
荘子　鈴木修次
アウグスティヌス　宮谷宣史
トーマス・マン　村田經和
シラー　内藤克彦
道元　山折哲雄
ベーコン　石井栄一
マザーテレサ　和田町子
中江藤樹　渡部　武
ブルトマン　笠井恵二

本居宣長　本山幸彦
佐久間象山　奈良本辰也・左方郁子
ホッブズ　田中　浩
田中正造　布川清司
幸徳秋水　絲屋寿雄
スタンダール　鈴木昭一郎
和辻哲郎　小牧　治
マキアヴェリ　西村貞二
河上肇　山田　洸
アルチュセール　今村仁司
杜甫　鈴木修次
スピノザ　工藤喜作
ユング　林　道義
フロム　安田一郎
マイネッケ　西村貞二
エラスムス　斎藤美洲
パウロ　八木誠一
ブレヒト　岩淵達治
ダンテ　野上素一
ダーウィン　江上生子
ゲーテ　星野慎一
ヴィクトル=ユゴー　辻　昶・丸岡高弘
トインビー　吉沢五郎
フォイエルバッハ　宇都宮芳明

平塚らいてう	小林登美枝
フッサール	加藤精司
ゾラ	尾崎和郎
ボーヴォワール	村上益子
カール=バルト	大島末男
ウィトゲンシュタイン	岡田雅勝
ショーペンハウアー	遠山義孝
マックス=ヴェーバー	住谷一彦他
D・H・ロレンス	倉持三郎
ヒューム	泉谷周三郎
シェイクスピア	福田陸太郎 菊川倫子
ドストエフスキイ	井桁貞義
エピクロスとストア	堀田彰
アダム=スミス	浜林正夫 鈴木亮
ポパー	川村仁也
フンボルト	西村貞二
白楽天	花房英樹
ベンヤミン	村上隆夫
ヘッセ	井手賁夫
フィヒテ	福吉勝男
大杉栄	高野澄
ボンヘッファー	村上伸
ケインズ	浅野栄一
エドガー=A=ポー	佐渡谷重信
ウェスレー	野呂芳男
レヴィ=ストロース	吉田禎吾他
ブルクハルト	西村貞二
ハイゼンベルク	小出昭一郎
ヴァレリー	山田直
プランク	高田誠二
ラヴォアジエ	中川鶴太郎
T・S・エリオット	徳永暢三
シュトルム	宮内芳明
マーティン=L=キング	梶原寿
ペスタロッチ	長尾十三二 福田弘
玄奘	三友量順
ヴェーユ	冨原眞弓
ホルクハイマー	小牧治
サン=テグジュペリ	稲垣直樹
西光万吉	師岡佑行
ヴァイツゼッカー	加藤常昭
メルロ=ポンティ	村上隆夫
オリゲネス	小高毅
トマス=アクィナス	稲垣良典
ファラデーとマクスウェル	後藤憲一
津田梅子	古木宜志子
シュニツラー	岩淵達治
タゴール	丹羽京子
カステリョ	出村彰
ヴェルレーヌ	野内良三
コルベ	川下勝
ドゥルーズ	鈴木亨
「白バラ」	関楠生
リジュのテレーズ	菊地多嘉子
リッター	西村貞二
プルースト	石木隆治
ブロンテ姉妹	青山誠子
ツェラーン	森治
ムッソリーニ	木村裕主
モーパッサン	村松定史
大乗仏教の思想	副島正光
解放の神学	梶原寿
ミルトン	新井明
ティリッヒ	大島末男
神谷美恵子	江尻美穂子
レイチェル=カーソン	太田哲男
オルテガ	渡辺修
アレクサンドル=デュマ	辻昶 稲垣直樹
西行	渡部治
ジョルジュ=サンド	坂本千代
マリア	吉山登